Relazioni Tossiche

SCONFIGGI L'ANSIA, I CONFLITTI DI COPPIA, L'INSICUREZZA E LA DEPRESSIONE SENZA RICORRERE ALLA TERAPIA. ELIMINA LA GELOSIA E I PENSIERI NEGATIVI. IMPARA AD AVERE UNA RELAZIONE FELICE CON CHIUNQUE.

RACHAEL CHAPMAN

INDICE

INTRODUZIONE 6

CAPITOLO - 1
ASCOLTARE EFFICACEMENTE 9

CAPITOLO - 2
RISOLVERE E PREVENIRE
CONFLITTI E DISCUSSIONI 30

CAPITOLO - 3
ACCETTARE E CONDIVIDERE
LE OPINIONI 56

CAPITOLO - 4
MIGLIORARE LA
COMUNICAZIONE 76

CAPITOLO - 5
COSTRUIRE UNA
COMUNICAZIONE
PIÙ PROFONDA 86

CAPITOLO - 6
INTRODURRE NUOVE
ROUTINES 96

CHAPTER - 7
ESPRIMERE AFFETTO E APPREZZAMENTO 106

CHAPTER - 8
IDENTIFICARE CIÒ CHE NON È GIUSTO 120

CONCLUSIONE 135

Quando uomini e donne sono in grado di rispettare e accettare le loro differenze, allora l'amore ha la possibilità di sbocciare.

DR. JOHN GRAY

INTRODUZIONE

Le relazioni sono come gli aquiloni - puoi lasciarli volare in alto nel cielo e vedere come fluttuano o puoi controllarli, mantenendo una stretta presa su di loro. Sono anche come i fiori che sbocciano quando vengono nutriti con amore e cura. Come esseri umani, tutti noi desideriamo amore, affetto e attenzione. Desideriamo il tocco umano, desideriamo conversazioni significative, desideriamo quei piccoli momenti di gioia e orgoglio in cui vediamo i nostri partner fare cose che ci rendono felici.

Tuttavia, le relazioni perdono la loro scintilla con il tempo. Le coppie perdono l'energia e la passione che avevano quando uscivano insieme. Può iniziare a sembrare che il tuo partner non sia più la stessa persona. Un giorno siamo felici e l'altro no. Un giorno siamo al settimo cielo e il giorno dopo siamo pieni di dubbi e infelicità. Non c'è una via di mezzo a come ci sentiamo, e questo accade quando la comunicazione non funziona.

Una conversazione sana e costante è la chiave di ogni relazione. È la colla che la tiene insieme.

La sua mancanza può rovinare anche la più perfetta delle coppie.

Perciò, per condurre una vita felice e serena,

È importante migliorare la comunicazione.

In questo libro, affrontiamo alcune delle più grandi e comuni sfide che le coppie devono affrontare. Parliamo dell'importanza dell'ascolto, di cosa comprende e come possiamo diventare migliori ascoltatori dei nostri partner. Impariamo anche come gestire le discussioni e i conflitti in modo meno acceso e calmo e affrontiamo alcune delle più grandi questioni su cui le coppie litigano di solito.

In seguito, andremo a vedere come possiamo condividere le nostre opinioni senza sentirci giudicati o criticati. Comprenderemo anche la necessità di comunicazioni aperte e lo scambio di idee e come questo aiuti i partner ad avvicinarsi l'uno all'altro.

Man mano che andiamo avanti, ci occupiamo del nucleo del libro, che è il miglioramento della comunicazione, e vi consiglieremo alcuni dei migliori e più divertenti esercizi di terapia di coppia da fare insieme. Discuteremo anche questioni come la costruzione di un legame più profondo con le routine quotidiane, il bisogno di apprezzamento e i modi per dimostrarlo, ecc.

Se vi sentite come se foste in un vicolo cieco nella vostra relazione o vi sentite intrappolati in un matrimonio senza amore, prendete questo libro prima di rivolgervi alla terapia. Avrete le risposte ad alcune delle domande più sconcertanti che avete riguardo al vostro coniuge e che nessun terapeuta discuterà in modo così dettagliato. Non ci credete?

Date un'occhiata da soli.

CAPITOLO 1

ASCOLTARE EFFICACEMENTE

Nessuno di noi accetta di non essere un buon ascoltatore. Tutti pensano di esserlo, ma cosa succede se l'altra persona non è d'accordo? Quando le coppie vanno in terapia, la loro preoccupazione principale è la mancanza di comunicazione tra le due parti, che può sorgere a causa di diversi motivi. Ma sapete che uno di questi motivi può essere la mancanza di ascolto attivo? L'ascoltare è un'abilità che ognuno di noi deve coltivare e nutrire. Diventa ancora più importante quando si entra in una relazione. Per quanto l'intimità fisica sia importante in qualsiasi relazione, lo è anche quella emotiva.

Se avete la sensazione che voi e il vostro partner vi state allontanando perché raramente condividete qualcosa o pensate che il vostro partner possa essere un ascoltatore migliore, in questo capitolo affronteremo questa preoccupazione e vedremo le ragioni e i modi per ridurre il divario tra voi due.

Entrambi sarete capaci di identificare dove si trova il problema e come lavorare per risolverlo.

COMPRENDERE L'ASCOLTO ATTIVO E IL SUO SIGNIFICATO

Vi capita di fare una scenata o di costruire una contro-argomentazione ogni volta che cercate di comunicare tra di voi? Se è così, allora significa che entrambi dovete migliorare il vostro metodo di comunicazione.

È qui che entra in gioco l'ascolto attivo. L'ascolto attivo è di solito uno dei primi compiti che le coppie ricevono dopo la loro prima sessione con un consulente di coppia. Beh, non ce ne sarebbe stato bisogno se lo aveste fatto da soli, giusto?

L'ascolto attivo è una forma di ascolto che implica un ascolto empatico dell'altra persona. Spesso conosciuto come ascolto riflessivo, consiste nel dare piena attenzione al dolore, alle idee, alle opinioni, alle preoccupazioni e alle paure dell'altra persona. È più che ascoltare la storia di qualcuno. Si tratta di essere presenti fisicamente, emotivamente e verbalmente.

Idealmente, la ricerca sottolinea che abbiamo bisogno di un cambio di stimolazione ogni 20 minuti, ma grazie agli schermi dei nostri smartphone e alle notifiche push, la nostra capacità di attenzione è diminuita a meno di 20 secondi. Ciò significa che non siamo in grado di tenere o ascoltare qualsiasi conversazione oltre il limite dei 20 secondi, il che è sia scioccante che triste.

Anche quando siamo in una conversazione con qualcuno, siamo facilmente distratti a causa di qualche influenza esterna o interna e perdiamo l'attenzione verso ciò che l'altra persona sta dicendo. Questo è molto comune nelle coppie che hanno trascorso anni insieme. Avete mai la sensazione che il vostro partner si distragga a metà della conversazione? Deve sicuramente darvi fastidio e diventare un motivo sufficiente per iniziare un litigio. Non solo, può danneggiare la fiducia che avete l'uno per l'altro. Quello che succede dopo è che cominciate a cercare quella convalida ed empatia da qualcuno che non sia il vostro partner e qui è quando inizia il vero problema. Entrambi diventate immuni l'uno all'altro. Trovate qualcun altro che ascolti i vostri sentimenti e il vostro partner se la cava evitando la conversazione. È qui che si verifica una mancanza di comunicazione.

Allora come si fa a risolvere la situazione e a sperare che non si arrivi a questo?

Impegnatevi in un ascolto attivo.

Siate presenti l'uno per l'altro. C'è sempre tanto stress in giro, che si accumula dentro di noi. Lo stress del lavoro, lo stress dei bambini, lo stress delle finanze, ecc. Parlate e discutete. Ancora più importante, se il tuo partner sta cercando qualcuno con cui parlare, assicurati di esserci. Deve sapere che siete lì per loro. Mostrate loro che hanno il vostro sostegno e il vostro amore.

"Ma il mio compagno non condivide mai niente con me, cosa posso fare?".

Iniziate voi.

In una relazione, non c'è un io. Non ti renderà una persona debole ricercare attenzione. Naturalmente, cercare di ottenere attenzione tutto il tempo è un problema completamente diverso ma ci sono giorni in cui dobbiamo sollevarci l'un l'altro, aprirci l'un l'altro e fare spazio per qualche conversazione significativa.

Sai cosa succederà quando lo farai?

Eliminerai il senso di colpa dalla vostra relazione. Molte volte il partner ha bisogno solo di un orecchio, non di consigli, suggerimenti o opinioni. Vogliono solo qualcuno con cui sfogarsi in modo da potersi togliere il peso dalle spalle. Quando si diventa un ascoltatore attivo senza alcun vincolo, li si aiuta a raggiungere una soluzione che viene dalla loro stessa mente. A volte, abbiamo tutti bisogno di un pollice in su, un segno di apprezzamento per i nostri pensieri, e l'ascolto attivo offre esattamente questo.

L'ascolto attivo rende le conversazioni più fluide e permette loro di rimanere in uno spazio sicuro, comprensibile e confortevole.

L'ascolto attivo ha meno a che fare con ciò che si dovrebbe dire e più con l'essere in grado di sedersi con qualcuno e offrire umiltà. È lo strumento ideale quando si ha a che fare con partner che sono timidi o emotivamente non disponibili ad aprirsi francamente con l'altro.

Elimina anche il giudizio. La maggior parte delle volte non diciamo la nostra opinione per paura di essere giudicati. Anche se questo è l'inizio della tua relazione e hai appena iniziato a frequentare il tuo partner, potresti attenuare la tua indole. È naturale che tu ti senta così perché sei ancora nella fase in cui vuoi piacere al tuo partner. Tuttavia, quello che non capisci è che più sei aperto, maggiori sono le possibilità che il tuo partner faccia lo stesso e dica la sua senza la paura di essere giudicato.

Inoltre, coltiva l'intimità. Come esseri umani, a tutti noi piace l'attenzione, la sensazione di essere visti, ascoltati e compresi. L'intimità è una connessione che offre più opportunità di avvicinarsi - sia fisicamente che mentalmente.

Se combinato con l'empatia, l'ascolto attivo può aiutare a creare un legame più profondo e più soddisfacente tra le coppie. Poiché richiede impegno e interesse, fa sentire la persona valorizzata e, quindi, apprezzata. L'empatia accelera ulteriormente l'ascolto attivo e aiuta i partner a costruire relazioni interpersonali migliori.

IN COSA CONSISTE L'ASCOLTO ATTIVO?

Molte persone non capiscono le basi dell'ascolto attivo e in cosa consiste. Queste sono le sue principali caratteristiche:

- È "non giudicante" e neutrale.
- Richiede pazienza e momenti di completo silenzio.
- Comporta feedback verbali e non, come il contatto visivo, il sorriso, ecc.
- Include domande quando appropriato.
- Può comportare la richiesta di chiarimenti.
- Include riflettere di ciò che viene detto.
- Riassume.

Già che ci siamo, è anche importante sapere cosa non è un ascolto attivo.

- Non mostrare rispetto ed empatia.
- Essere distratti dai propri pensieri e non ascoltare attentamente.
- Dare solo un significato superficiale.
- Evitare il contatto visivo.
- Interrompere.
- Ignorare.

- Dimenticare ciò che la persona ha detto prima.
- Affrettare i tempi.
- Fare domande poco importanti.
- Fingere di prestare attenzione.
- Non chiedere chiarimenti quando necessario.

MI DIRAI MAI COSA C'È NELLA TUA TESTA!?

Quando non si ascolta o non si presta attenzione ai segnali verbali e non verbali del partner, la comunicazione è destinata a soffrire. Una mancanza di comunicazione per molti diventa una progressione verso il divorzio. Siamo tutti diversi nei modi in cui esprimiamo i nostri pensieri e preoccupazioni. Questo perché veniamo da famiglie diverse cresciute in modo diverso. Alcuni partner che provengono da famiglie rumorose tendono ad esprimere le loro emozioni in modo simile. Allo stesso tempo, i partner che provengono da famiglie conservatrici e rigide spesso ricorrono a tenere le cose per sé. Quando teniamo le nostre emozioni per noi, può aumentare la frustrazione e cominciamo a crollare. Quando invece viene fuori tutto in una volta, può essere un motivo sufficiente per litigare. Poiché il vostro partner è presumibilmente la persona più vicina a voi, condividere le vostre preoccupazioni è un bisogno primario. Non farlo influenzerà il tuo lavoro, la tua vita a casa e anche la tua vita sessuale. Vuoi che ti convinciamo ulteriormente perché dovresti non chiuderti mai emotivamente e verbalmente a il tuo partner? Dai un'occhiata!

Quando riduciamo la comunicazione, chiudiamo tutte le porte alla compatibilità emotiva, che è un requisito per la salute fisica e mentale. Parlare è il modo più semplice per connettersi con qualcuno e, sorprendentemente, anche il più difficile per molti. La mancanza di comunicazione può far allontanare il tuo partner nel tempo – è questo è qualcosa che non vuoi che accada.

La mancanza di comunicazione, a volte può **portare a giudizi errati e malintesi**. Diventa più facile fare solo una supposizione sulla reazione del vostro partner. Quando non comunicate apertamente i vostri piani o pensieri, gli lasciate dei dubbi e date addito all'auto-assunzione. La nostra mente è programmata per pensare prima il peggio.

Un esempio? Hai voglia di fare sesso, ma il tuo partner rifiuta categoricamente e va a dormire senza darti una spiegazione. Passeresti tutta la notte a pensare perché lui/lei non vuole fare sesso, si vede con qualcun altro? si annoia? non ti trova più attraente? e così via.

La spiegazione più semplice potrebbe essere stata solo la stanchezza o una dura giornata di lavoro, ma dato che non è stata comunicata, la coppia potrebbe sperimentare una spaccatura.

La vostra vita sessuale ne risentirà. I problemi sessuali, come la mancanza di orgasmo per una donna, possono essere un motivo di frustrazione. Questo porta ad una mancanza di interesse nell'intero atto di intimità. Tuttavia, come ti aspetti che il tuo partner reagisca se non glielo comunichi? Durante l'inizio di una relazione, molti partner si sentono esitanti a fare la prima mossa. La mancanza di propositività senza alcuna comunicazione può far pensare al tuo partner che tu non lo voglia tanto quanto loro. Le coppie che sono aperte sulle loro aspettative riguardo al sesso possono godere di più e raggiungere i loro rispettivi orgasmi. Mettete in scena le vostre fantasie sessuali e parlate di ciò che vi eccita verbalmente.

La mancanza di comunicazione può anche essere scambiata per una **mancanza di compromesso.** Ogni relazione, sia personale che professionale, è costruita su alcuni livelli di compromesso. Un dipendente può lavorare fino a tardi per completare un progetto e ottenere due giorni di riposo da parte del datore di lavoro. Questo è un compromesso equo. Un compromesso non dovrebbe mettere un partner sotto stress. Dovrebbe beneficiare entrambi allo stesso modo. La mancanza di conversazione può portare uno a pensare che l'altro non sia pronto ad incontrarlo a metà strada e, quindi, creare sentimenti di risentimento, rabbia e delusione. Tuttavia, se entrambe le parti si confrontano e cercano di raggiungere una via di mezzo, ci sarà beneficio per entrambi.

Infine, quando c'è una mancanza di comunicazione da una delle parti, i partner cercano una convalida altrove. Hanno ancora tante cose di cui hanno bisogno di parlare. Così si rivolgono ad altre orecchie e discutono le loro questioni private con la famiglia o gli amici. Ma non sempre il miglior consiglio viene da un estraneo. Quello che tu e il tuo partner avete dovrebbe rimanere tra voi due a tutti i costi, a meno che non si arrivi a un punto in cui un esperto deve intervenire e risolvere la questione.

Le coppie che evitano la comunicazione tra di loro non sono meno di due coinquilini che vivono insieme.

SCONTRO DI INTERESSI

Nei film e nella vita reale vediamo spesso coppie che si assomigliano fin nei minimi dettagli. I loro interessi, gli hobby, persino le loro scelte in politica, sport, film, libri e cibo sono gli stessi. E poi, alcune coppie non condividono nessun tipo di interesse comune, come la coppia di Pretty Woman o quella di A Walk to Remember. Raramente hanno qualcosa in comune di cui parlare, eppure sono quelli che molte persone ammirano. Avete presente le coppie che sono completamente opposte l'una all'altra, come se una fosse la reginetta del ballo del liceo e il ragazzo fosse un nerd o il ragazzo fosse un fusto popolare e la ragazza fosse la donna più insignificante della sua classe... Avete capito, no?

Quando i partner cercano una consulenza nel loro matrimonio, una lamentela comune è che entrambi non hanno nulla in comune di cui parlare. Quindi viene da chiedersi se, avere interessi comuni, sia fondamentale per sostenere

La comunicazione e l'ascolto attivo in una relazione. Se sì, tutte quelle coppie che sono come i poli diversi all'estremità di una calamita non dovrebbero mai trovare gioia nel loro matrimonio. Non dovrebbero litigare di continuo, o peggio vivere come due estranei nella stessa stanza?

Dovrebbero, no? Ma lo fanno? Non lo fanno.

Quindi, se non è bianco o nero, cos'è? Avere interessi reciproci è fondamentale o le coppie possono fare bene anche senza? Vediamo se è importante, e se lo è, come possiamo affrontarlo per le coppie che soffrono a causa di questo.

Meglio ancora, creiamo una lista di pro e contro per il bene della discussione e vediamo chi vince la scommessa.

Gli interessi comuni contano

1. Gli interessi condivisi generano passione. Quando tu e il tuo partner siete entrambi coinvolti con tutto il cuore in qualcosa, vi piacerà di più. Questo può creare spazio per conversazioni non solo significative, ma anche appassionate, a causa del terreno comune.
2. Aiuta a iniziare le conversazioni. Gli interessi comuni possono essere un ottimo inizio di conversazione e aiutare i partner a conoscersi meglio. Inoltre, può rendere il tempo insieme più interessante e stimolante.
3. Alcuni credono anche che siano molto fondamentali affinché l'attrazione fisica duri a lungo.

No, non contano

Coloro che pensano che gli interessi comuni non contino così tanto lo affermano per le seguenti ragioni.

1. Dà a ciascuno di voi il tempo di godersi i propri hobby senza essere costretti a fare qualcosa che non vi piace fare. Le coppie unite possono avere interessi diversi, e possono andare d'accordo con le loro differenze. La cosa migliore è che non devi rinunciare a nessuna parte della tua personalità perché l'altra persona non ha voglia di farne parte. Avere interessi diversi dà ai partner un po' di "tempo per me" per godersi le cose che gli piacciono.
2. In secondo luogo, avere interessi diversi significa anche che imparerete costantemente qualcosa di nuovo sul vostro partner e sui suoi hobby. Questo espande la vostra conoscenza e mantiene la relazione interessante.
3. In terzo luogo, quando voi due passate il vostro tempo libero facendo qualcosa che vi piace, ad esempio voi uscite per incontrare i vostri amici e il vostro partner va a incontrare la famiglia, la separazione vi farà sentire la loro mancanza e riunirsi sarà fantastico. Questo tipo di terapia si usa anche per le coppie che litigano molto. Un po' di tempo da soli, ed entrambi iniziano a vedere le cose da una prospettiva diversa e, cosa più importante, si rendono conto di quanto manchi loro il partner.
4. Non sarete mai a corto di cose di cui parlare. Un'altra obiezione comune tra le coppie è che non hanno niente di cui parlare.

Detto questo, vediamo chiaramente che non avere interessi comuni non è un grosso problema. Certo, sarebbe forse ideale innamorarsi di qualcuno che è esattamente come te, ma: Usciresti con un altro te?

Quindi vedi, non avere interessi comuni non è il problema più grande, non essere in grado di accettare l'altrui opinione e punto di vista si lo è. Quante volte è successo che la vostra compagna vi ha obbligato ad andare a correre con lei o ad iscrivervi in palestra, ma voi preferireste passare quel tempo sul divano a guardare la TV? Se questo è qualcosa che avete cercato di fare, cioè imporre i vostri punti di vista e interessi su di loro, allora per voi c'è poca speranza di andare avanti. Dovete accettare il fatto che sono diversi da voi e non possono essere messi in uno stampo di perfezione che avete inventato nella vostra mente.

PER COSA SIETE PREOCCUPATI?

Uno dei tanti motivi per cui le coppie non riescono a raggiungere la serenità è perché nel profondo combattono contro preoccupazioni che hanno riguardo ai loro partner. Preoccupazioni abbastanza grandi da scatenare un litigio. Preoccupazioni che fanno dubitare del futuro insieme. Preoccupazioni su più di una semplice routine, ma un'abitudine difficile da lasciare andare. In questa sezione, esamineremo alcune delle preoccupazioni più comuni che i partner possono avere in una relazione e poi impareremo come l'ascolto attivo e la comunicazione possono aiutare a superarle una volta per tutte.

1. Finanze

Molte coppie non sono d'accordo sulla gestione del denaro. La vita è già così stressante al giorno d'oggi e le questioni di denaro si aggiungono ad essa. La verità è che il denaro può essere un argomento molto delicato su cui conversare.

Alcuni partner non si sentono come se stessero contribuendo abbastanza, e la conversazione non fa che accumulare il senso di colpa di non essere in grado di aiutare finanziariamente. In secondo luogo, c'è un budget che deve essere mantenuto e ogni volta che qualcosa va oltre la cifra decisa, diventa una preoccupazione importante tra i partner. Oltre a questo, gli uomini tendono ad avere questa abitudine di nascondere le loro finanze e raramente ne discutono.

2. Diminuzione della Libido

Spesso diamo per scontato che le coppie che vediamo tenersi per mano facciano faville sotto le coperte. Questo è molte volte lontano dalla verità. Infatti, un basso desiderio sessuale, una frequenza insufficiente dei rapporti, o una bassa libido da parte di uno dei partner è un grande problema, come dice Jonathan Bennett, l'uomo dietro ThePopularMan.com e anche consulente matrimoniale certificato.

Secondo lui, la maggior parte delle coppie che vengono in consulenza sono insoddisfatte della loro vita sessuale. Alcuni vogliono di più, mentre altri si lamentano che il partner è troppo esigente. Alcuni attraversano un periodo di astinenza per giorni, mentre altri la eliminano del tutto.

È normale che quella scintilla si spenga dopo un po'. Dopo tutto, qualsiasi cosa nuova perde il suo splendore con l'uso.

Non importa quanti capricci abbiamo fatto prima per ottenerlo. È la natura umana.

Ma la passione può sempre tornare finché si è aperti a idee diverse e a provare nuove esperienze per creare eccitazione.

3. Mancanza di supporto

A volte, ci sentiamo non apprezzati per tutto quello che facciamo. La mancanza di apprezzamento può far perdere interesse nel tempo e cercare altre persone per il sostegno. La mancanza di supporto può anche significare un risentimento di fondo o sentimenti di supremazia dove il vostro partner pensa di fare più di voi. Tutti noi abbiamo visto film e programmi televisivi in cui un genitore combatte l'altro perché non fa abbastanza. L'apprezzamento e il sostegno sono un impegno essenziale in qualsiasi relazione. Anche un impiegato che non si sente apprezzato non perde tempo a dimettersi, quindi perché ci si dovrebbe aspettare che un partner rimanga?

4. Abitudini di spesa

Molte volte, il vero problema non è il pagamento delle bollette o il risparmio per la pensione, sono le abitudini di spesa del tuo partner che ti tengono sveglio la notte. Di solito si riduce ai valori con cui sono state educate le persone. Per esempio, in alcune famiglie, va bene aiutare finanziariamente un fratello o un genitore senza aspettarsi che lo ripaghi. Alcuni uomini e donne hanno anche l'abitudine di prestare denaro agli amici senza una data di scadenza. Alcuni hanno l'abitudine di spenderli in cose non necessarie come feste, vestiti o scarpe. Se sei preoccupato che il tuo partner sia disattento su come sta spendendo le vostre risorse, è sempre bene farli sedere e parlarne.

5. Noia

La noia è destinata a insediarsi dopo qualche tempo, e non è nemmeno una cosa così brutta. Anche i migliori amici a volte si sentono bloccati in una routine. Se sentite che anche se state insieme, non siete veramente insieme come ai vecchi tempi, può essere un po' preoccupante. Non dovrebbe durare a lungo però. Se vi sentite come se il fuoco si stesse spegnendo e le cose che prima vi piaceva fare insieme stanno diventando monotone, cambiate i vostri metodi. Riaccendi il fuoco con qualcosa di diverso e nuovo. C'è sempre così tanto che potete provare insieme, da visitare nuovi posti a intraprendere nuovi hobby.

6. Gelosia e Possessività

Va bene che i partner provino un po' di gelosia, ma dovrebbe esserci un limite. Ci sono cose chiamate spazio personale e privacy, e se sentite che il vostro partner le invade costantemente, allora è una preoccupazione genuina che deriva da una mancanza di fiducia. Come esseri umani, ci siamo sempre sentiti insicuri riguardo alle nostre cose - che si tratti di giocattoli, persone o abitudini. Questo ci porta a provare moderati attacchi di gelosia. Tuttavia, se il tuo partner ti controlla 24 ore su 24, 7 giorni su 7, chiedendoti con chi sei o cosa stai facendo, allora è al limite del preoccupante. Una conversazione dettagliata sul perché si sentono in quel modo e perché sentono l'ansia da separazione quando non ci sei è un buon modo per risolvere questo problema. Più ne parlate, meglio capirete perché si sentono insicuri nei vostri confronti.

7. Famiglia allargata

La famiglia dell'altro diventa spesso la causa di un litigio tra voi due. Dove passeremo la vigilia di Natale, chi andremo a trovare quest'anno durante le feste, o perché una famiglia chiama sempre, manda messaggi e viene da noi? Se c'è una battaglia tacita tra la moglie e la suocera o un partner e il padre, può diventare preoccupante. Perché? Perché vi fa litigare tra di voi e sconvolge l'atmosfera della casa. Non lasciate che gli estranei causino una spaccatura tra di voi e condividete sempre le opinioni in modo calmo e composto. L'altra persona non dovrebbe sentirsi come se la sua famiglia venisse insultata e nemmeno voi dovreste cercare di creare deliberatamente un dramma.

8. Tradimento e infedeltà

Il tradimento o l'infedeltà, nella maggior parte dei casi, è un crimine difficile da perdonare. Anche dopo molteplici sessioni di consulenza, alcuni partner non sono mai in grado di perdonare. Ci vuole una quantità enorme di volontà e onestà per ricostruire un rapporto dopo un tradimento. E anche dopo, c'è sempre la paura che succeda di nuovo e sembra che non si riesca più a fidarsi del partner che tradisce. Se un partner ha commesso un'infedeltà e voi non siete in grado di perdonare e dimenticare, è abbastanza preoccupante.

Tuttavia, è qualcosa su cui si può lavorare se entrambe le parti sono disposte ad ammettere e perdonare.

9. Bambini o non bambini

Questa è una preoccupazione cruciale e un punto di discussione tra le coppie o le persone in una relazione. Alcune persone sono cablate in modo diverso. Vengono da una grande famiglia di fratelli e cugini che li porta a volere anche loro un giorno. Al contrario, l'altro partner potrebbe non pensarla così perché viene da un'infanzia non amata o conservatrice dove l'amore è sbocciato raramente. Così, il loro punto di vista è anche comprensibile per non volere una famiglia propria.

Queste preoccupazioni dovrebbero essere affrontate prima di entrare in una relazione, perché non è qualcosa su cui si può essere d'accordo o in disaccordo nel caso in cui uno dei partner non se la senta. Potresti trovare difficile chiudere cordialmente adesso, ma è meglio così, perché dieci anni dopo, quando le bollette cominceranno ad accumularsi e la relazione sembrerà un sacco di lavoro, questo alla fine ti darà fastidio.

10. Fine dall'amore

Infine, ma certamente non meno importante, alcuni partner possono anche sperimentare il disinnamoramento. Le cose che erano solo un semplice fastidio per voi possono iniziare a diventare un problema insormontabile. I loro difetti possono superare la loro attitudine. Siete meno interessati ad avere una conversazione, a diventare intimi o semplicemente a passare del tempo insieme. Ci si sta disinnamorando. Alcune coppie che sperimentano la "fine" dell'amore, non tornano mai indietro, ma ci sono modi per riaccendere la fiamma. Non è detto che sia la fine. Bisogna solo ritrovare la loro strada e reimparare ad amare il proprio partner.

ASCOLTA QUELLO CHE HO DA DIRE!

Il vostro linguaggio del corpo e le vostre azioni sono ciò che rende bella la relazione all'inizio. Tuttavia, con il tempo, quando l'attrazione fisica comincia a svanire, la comunicazione e l'ascolto attivo diventano i due aspetti più importanti della relazione. Anche se non garantiscono un lieto fine, aiutano le coppie ad evitare incomprensioni, discussioni, litigi e dubbi, tutti ingredienti della ricetta perfetta per la felicità e la prosperità nel matrimonio. Una scarsa capacità di ascolto può turbare ancora di più il partner, che potrebbe pensare di essere ridicolizzato, non curato, o giudicato male. Perciò, prima di passare al prossimo capitolo, vogliamo darvi alcuni consigli per diventare un ascoltatore efficace e sviluppare un legame più profondo e soddisfacente con il vostro partner.

- Sii paziente quando ascolti. Come esseri umani, la nostra capacità di ascoltare è più veloce della velocità con cui qualcuno parla, il che significa che potremmo continuare ad interromperlo con le nostre domande anche prima che abbia finito di parlare. Non fatelo, perché interromperà solo il flusso della conversazione e ne spezzerà il ritmo. Invece di continuare con la storia, il vostro partner potrebbe dover rispondere alle vostre domande e sentirsi ostacolato.

- Trattenete qualsiasi giudizio che potreste avere e cercate anche di mascherare le vostre espressioni come “Te l'avevo detto...". Se qualcuno si sta aprendo con voi, cercate di fare lo stesso e siate presenti per permettergli di esprimere il proprio pensiero o di condividere opinioni.

- Siate interessati a quello che dicono, perché chiaramente è la cosa più importante per loro. Non volete essere sorpresi a far finta di ascoltare, altrimenti li fareste sentire poco apprezzati o poco importanti. Chiedete chiarimenti nel caso in cui non capite qualcosa, perché significherà che siete genuinamente interessati. Il bisogno di chiarimenti può aiutarvi a inventare una risposta migliore alle loro domande.

- Quando fate domande di sondaggio, lasciate che siano aperte. Le domande aperte incoraggiano ad essere più a proprio agio. Fare domande con una risposta affermativa o negativa può far terminare la conversazione più presto.

- Cercate di stabilire un contatto visivo dal 60 al 70% del tempo. Il contatto visivo è uno strumento non verbale ma efficace per rassicurare il tuo partner che sei al 100% d'accordo con quello che sta dicendo. Mostra anche il vostro vivo interesse per la conversazione. Per rendere la conversazione più aperta e verbale, chinati verso di loro e occasionalmente metti la tua mano sulla loro o tienila se stanno per crollare. Annuisci anche con la testa di tanto in tanto. Se sei seduto, evita anche di piegare le braccia.

- Evitare di cambiare argomento bruscamente. Questo può far pensare al tuo partner che non sei stato attento.

- Usa la parafrasi a tuo vantaggio. Il tuo partner non ha necessariamente bisogno del tuo consiglio o della tua opinione. Quindi non offrirli. Punto.

- Come detto prima, mantenete le interruzioni al minimo. Probabilmente stanno parlando direttamente dal loro cuore. Non desiderano essere fermati nel mezzo ogni pochi minuti solo perché tu possa avere tutto chiaro.

- Inoltre, non preparare le risposte in anticipo o fare l'errore di parlarne a voce alta. Potrebbe cambiare l'intero contesto di ciò che volevi dire. Potresti manifestare il contrario di quello che avevi in mente.
- Infine, cercate di essere presenti sia fisicamente che mentalmente. La nostra mente può facilmente divagare o iniziare a sognare ad occhi aperti quando siamo costretti a sederci e ad ascoltare qualcosa. Succede a tutti. Ricordate come in classe cominciavate a sognare ad occhi aperti e ad andare in un'altra dimensione invece di ascoltare una lezione? Questo succede perché la nostra mente vuole sempre essere al centro dell'attenzione, e quando non lo è, inizia a sognare ad occhi aperti per conto suo. Dato che questo è un caso simile in cui devi solo ascoltare senza offrire alcun feedback, sarà difficile impedire alla tua mente di vagare via. Ma cercate di farlo, perché può significare il mondo per il vostro partner.

CAPITOLO – 2

RISOLVERE E PREVENIRE

CONFLITTI E DISCUSSIONI

I conflitti e le discussioni sono un aspetto normale delle relazioni. A volte, sono questi litigi che aiutano la coppia ad avvicinarsi e a capire i bisogni dell'altro ad un livello più profondo. Tuttavia, gli stessi litigi e discussioni possono diventare il motivo della separazione e persino del divorzio.

In questo capitolo, daremo un'occhiata al perché le coppie litigano, cosa causa questi litigi, come si possono prevenire, e alcuni consigli praticabili in modo che le coppie che continuano a litigare tutto il tempo possano prendersi una piccola pausa. Inoltre, discuteremo anche quali tipi di litigi sono benevoli, cosa non si dovrebbe mai fare tra un litigio e l'altro e cosa fare se la situazione sfugge di mano.

Ma prima di fare tutto questo, impariamo perché le persone litigano e per quali cose litigano quando sono in una relazione.

PERCHÉ LITIGHIAMO SEMPRE?

Ogni volta che ci troviamo nel mezzo di un litigio, dopo che è finito o è stato rimandato a un momento successivo, spesso ci chiediamo cosa l'abbia iniziato.

Solo poche ore fa eravamo una coppia felice che nessuno penserebbe di poter vedere separata per un minuto, e ora non vogliamo nemmeno guardarci in faccia. Forse è stato qualcosa che il vostro partner ha detto o fatto che ha scatenato la scintilla. O forse è stato innescato qualcosa dentro di voi come un brutto ricordo o un pensiero che vi ha fatto arrabbiare.

Litigare con il partner è molto facile. A volte, così naturale come parlare o ridere insieme per qualcosa di sciocco. Dopo tutto, sono i più vicini a noi. Naturalmente, ci avviciniamo sempre a loro per condividere i nostri segreti e sentimenti più profondi. Sono la cosa più vicina a una famiglia che abbiamo.

Chiariamo prima una cosa. OGNI COPPIA LITIGA

- Anche quelli che dicono di non farlo. Se pensate di avere a che fare con il più duro e arrogante dei partner che vi ferisce dicendovi le cose più cattive durante un litigio, non siete i soli. Ogni partner pensa di vivere con uno di loro o, peggio, di essere lui stesso quel partner. Litigare è tipico in una coppia e per toglierti i sensi di colpa e il rimpianto, diamo tutta la responsabilità al tuo cervello, ok?

Battute a parte, è il tuo cervello che merita tutta la colpa. Ecco perché:

Il cervello di ogni uomo è orientato alla guerra e non all'amore. È l'istinto primario di reagire con l'aggressione o di usare le mani per proteggersi dalla violenza e dai segni di pericolo. Questo significa che il combattimento è un risposta naturale se vi sentite minacciati dalle parole dure del vostro partner. Il tuo cervello è stato sviluppato

Per reagire a situazioni di pericolo, rendendoci così pessimi nel romanticismo e nell'amore. Così ora capisci perché ti dicono sempre di ascoltare il tuo cuore o di pensare con il tuo cuore e non con il tuo cervello quando prendi decisioni sull'amore.

Tutto questo è ampiamente discusso nel libro di Stan Tatkin intitolato, Wired for Love: How Understanding Your Partner's Brain and Attachment Style Can Help You Defuse Conflict and Build a Secure Relationship (Tatkin, 2012).

Pensa che per capire e migliorare le nostre relazioni coniugali e di coppia, è imperativo capire prima il funzionamento della mente umana. Il nostro cervello è eccezionale nel cogliere i segnali di pericolo.

Nel contesto di una partnership romantica, gli indizi di minaccia possono essere così semplici come in un'alzata di occhi, nel linguaggio del corpo, o un tono graffiante nella voce. L'atteggiamento di rabbia è percepito come pericoloso e quindi mette il cervello in modalità nemico innescando una risposta di lotta o fuga.

Le parti che innescano la risposta alla minaccia sono chiamate da Tatkin: Primitivi. I primitivi sono incentrati nella guerra, concentrati sulla sopravvivenza, e rispondono rapidamente di fronte a potenziali pericoli.

I primitivi si riassumono distinguono in:

- Ipotalamo: Segnala al corpo di bloccarsi, combattere o scappare.
- Amigdala: Riceve i segnali di minaccia che nascono nel cervello.
- Ghiandole surrenali e ipofisarie: Rilasciano il cortisolo - le sostanze chimiche dello stress.

I vostri primitivi non si preoccupano della vostra felicità o di quella dei vostri partner. Non si preoccupano nemmeno dell'impatto che le vostre parole o azioni avranno sul vostro partner. L'unico obiettivo è la vostra sopravvivenza e la vittoria contro qualsiasi minaccia vi si presenti.

Anche se il tono stridulo del vostro partner non è così minaccioso o pericoloso come trovarsi in una gabbia subacquea circondata da squali affamati, il vostro cervello pensa a entrambe le situazioni come la stessa cosa.

Quando litighiamo con un partner, il rifiuto o l'abbandono servono anche come minacce, ed è per questo che cerchiamo di evitarli come meglio possiamo. Tuttavia, a volte la mente va fuori controllo e sfocia il litigio.

Ora che abbiamo capito come la nostra mente percepisce i litigi, è giusto riconoscere i motivi per cui la maggior parte delle coppie litigano, in modo da prevenire un litigio prima ancora che inizi. Qui di seguito ci sono dieci delle ragioni più comuni per i litigi tra coppie sposate e non sposate. Discutiamole in dettaglio e vediamo anche come potete contrastarle con grazia invece di buttarvi a capofitto con la stessa passione del vostro partner.

1. Soldi

Litigare sui soldi è molto comune tra le coppie. Alcuni litigi sono su come un partner spende troppo per qualcosa o su come si dovrebbe risparmiare. Investire, tenere tutto in una banca o concedersi una vacanza. Le opzioni sono infinite, ma le opinioni possono scontrarsi. A volte i partner hanno anche l'abitudine di giudicarsi a vicenda per le scelte che fanno. Hai comprato 50 euro di chicchi di caffè importati? Avresti dovuto dare più mancia al cameriere. Dobbiamo comprare un nuovo pavimento non appena arrivano i nostri stipendi. No, prima dobbiamo far riparare i tubi che perdono...

E poi, ci sono anche lotte per sapere se si deve avere un conto comune o no e come creare un budget mensile o settimanale.

Soluzione: Fate un respiro profondo, sedetevi e parlatene. Prendete qualche ora dal fine settimana e discutete a lungo su cosa deve essere fatto e come. Scrivete tutte le spese fatte nella settimana sia grandi che piccole per stabilire un budget settimanale. Una volta che avete sistemato tutto, prendete l'abitudine di vivere in base ad esso. Andare un po' in eccesso è accettabile, ma cercate di rimanere nei limiti. Allo stesso tempo, abbiate anche un budget di emergenza, per ogni evenienza. Ogni volta che si risparmia un po' di denaro dal budget settimanale, si può aggiungere al budget di emergenza o concedersi uno sfizio.

2. Bambini

I figli sono un altro argomento comune su cui le coppie possono iniziare a litigare. Può riguardare il modo in cui dovrebbero essere cresciuti, le loro spese, come passare del tempo di qualità con loro, o aiutarli con i compiti, ecc. Alcuni partner vogliono crescere i loro figli in un modo specifico. Spesso genitori di religioni o origini diverse litigano su come dovrebbero essere cresciuti, quale religione dovrebbero seguire, quali valori e tradizioni dovrebbero tenere cari e così via.

Di nuovo, dovete prima sedervi e riflettere profondamente su questo. I bambini sono quelli che saranno più colpiti dai litigi che avrete per loro. Voi li amate e quindi volete il meglio per loro. Ma alla fine della giornata, dovete capire che non importa quanto vogliate controllare le loro vite, alla fine sceglieranno la loro strada. Detto questo, dovreste stabilire reciprocamente alcune regole di base a cui devono attenersi, in modo che crescano e diventino adulti ragionevoli e responsabili.

3. Tempo

Non passare abbastanza tempo a casa o con il vostro partner è un'altra delle cause principali di un litigio. Sei sempre occupato in ufficio. Non esci mai con me da nessuna parte. Sei sempre al telefono quando torni a casa. Non facciamo mai niente insieme.

Tutte queste sono lamentele che un partner può avere verso l'altro e che possono facilmente scatenare un litigio. In quasi tutte le relazioni, c'è una persona che vorrebbe passare più

Tempo con il proprio partner e quando sentono che il loro compagno manca di un interesse simile nei loro confronti, questo porta alla frustrazione. Pensieri come: "Non gli piaccio più" possono farsi strada nella mente di una persona, aggiungendo ulteriore aggravamento.

Alcuni litigi possono anche riguardare il modo in cui i partner scelgono di passare il loro tempo insieme. Un partner potrebbe voler andare al cinema mentre l'altro partner potrebbe voler andare alla partita. Uno potrebbe voler fare un'escursione mentre l'altro potrebbe voler passare il fine settimana con la propria famiglia.

Invece di litigare su come volete passare le 24 ore del giorno, unite le forze e dedicate un "tempo insieme" per ogni giorno o per il fine settimana. L'obiettivo non dovrebbe essere quello di dare priorità agli interessi di uno rispetto agli altri, ma piuttosto trovare una via di mezzo. Fate cose che piacciono ad entrambi, come fare festa o uscire a cena.

4. Priorità

Non mi dai mai tempo. Sei sempre occupato al telefono. Esci sempre con i tuoi amici ma non porti mai fuori me o i bambini.

Ci sono momenti in cui i partner possono iniziare a pensare di non essere più una priorità nella vita dei loro coniugi. Non ci sono più fiori, né abbracci o baci inaspettati, né richieste di intimità nel cuore della notte. Le priorità cambiano nel tempo e voi dovete capirlo. Il tuo partner potrebbe dover lavorare più duramente solo per poter provvedere meglio alla famiglia. Le loro priorità

Potrebbero essere cambiate. Quindi, invece di litigare, parlatene. Fategli sapere che vi mancano i vecchi tempi e che dovreste cercare di passare almeno del tempo insieme. Inoltre, fate una regola per limitare l'uso dei telefoni quando siete a casa, in modo che voi due possiate connettervi.

5. Sesso

C'è stato un tempo in cui non ne avevi mai abbastanza, cosa è cambiato? Perché non sei più interessato a fare sesso? C'è qualcun altro? Non ti senti più attratto da me?

La mancanza di sesso o la sua diminuzione può facilmente scatenare una discussione o un litigio tra le coppie. Dato che ognuno ha un diverso bisogno e libido per l'intimità sessuale, potresti sentirti escluso se il tuo partner lo vuole fare raramente. Forse sono troppo stanchi e vogliono solo andare a letto. Forse c'è così tanto da fare nella loro testa che il sesso non trova spazio. Forse pensano che non ti piaccia più o che il sesso sia diventato noioso per te. Ci sono una dozzina di motivi per cui il sesso può portare a litigi, discussioni e persino alla separazione.

Quindi, capite i bisogni di intimità dell'altro e cercate di incontrarvi a metà strada. Inoltre, invece di stare zitti sui vostri bisogni e desideri, esprimete apertamente le vostre preoccupazioni riguardo alla mancanza di intimità e a come sta influenzando il vostro stato mentale.

6. Il passato

Non ti sei dimenticato di lei, vero? Sei ancora innamorato della tua ex. Perché continui a paragonarmi con il tuo ex in tutto?

Il passato ha sempre un modo di insinuarsi nelle conversazioni, specialmente quando la relazione è durata anni. La ragione per cui la maggior parte dei partner non riesce a dimenticare i loro ex è che la loro inclusione è diventata un'abitudine. Hanno iniziato a fare le cose in un certo modo e non hanno ancora abbandonato quelle abitudini. È molto facile trovarsi in una posizione in cui continui a paragonare il tuo partner con un ex o pensare che il tuo partner lo faccia. Ma potrebbe anche essere tutto nella tua testa.

Molte volte, questo pensiero può essere molto dannoso quando sei tu che continui a confrontarti con l'ex del tuo partner. Più vi assillate su questo, più questo frustrerà il vostro partner. Se il passato, in qualche modo, ha ferito il vostro partner, è meglio non tirarlo fuori in un litigio e lo ferirete solo ad un livello più profondo. Voi due dovete, in ogni momento, mantenere un certo rispetto per la privacy, le emozioni e il passato dell'altro e non lasciare che si metta tra voi e causi una spaccatura.

7. Lavori in casa

Non hai ancora aggiustato la lavastoviglie; quante volte te lo devo ricordare? Perché c'è un cartone di latte vuoto nel frigorifero? Avresti potuto almeno portare fuori la spazzatura. Perché tutto è compito mio?

Le faccende domestiche possono scatenare litigi. Immaginate di aver avuto una dura giornata di lavoro e di essere stanchi fino all'osso solo per tornare a casa e vedere che i bambini sono ancora svegli, i piatti sono ancora seduti nel lavandino, e il tuo partner sta guardando con noncuranza la

Televisione mentre si beve una birra, magari senza mettere un sottobicchiere sul tavolino come gli hai ricordato mille volte. Questo non vi farebbe arrabbiare al punto di litigare ferocemente?

Se senti che il tuo partner non è troppo entusiasta di certe faccende come portare fuori la spazzatura o mettere i bambini a letto, chiedigli di aiutarti in qualche altro modo. Dividi le faccende di conseguenza in modo che la pace possa essere ripristinata in casa.

ASPETTA... STAI DICENDO CHE COMBATTERE È SALUTARE?

Non è qualcosa che avreste scritto nei vostri voti o qualcosa che avete messo su un biglietto di San Valentino, ma la ricerca suggerisce che i litigi tra le coppie sono, in effetti, abbastanza salutari.

Le coppie che litigano insieme, rimangono insieme, dice Joseph Grenny, l'uomo che è co-autore del bestseller Crucial Conversations (Petterson & Grenny, 2011). Secondo lui, le coppie litigano piuttosto che nascondere i loro sentimenti ed emozioni sotto il tappeto ogni volta che si sentono insultati, frustrati e indesiderati. Questo non è un fatto casuale, ma il risultato di un vero e proprio sondaggio condotto durante

La ricerca per il libro che ha coinvolto 1.000 adulti. Grenny crede che ogni volta che scegliamo di rimanere in silenzio e non esprimere le nostre emozioni, stiamo deliberatamente evitando un conflitto che può essere risolto e quindi evitare ulteriore dolore. Per lui, il più grande errore che i partner fanno in qualsiasi relazione è quello di evitare di discutere. Questo fa sì che l'altro partner pensi che le cose vadano bene quando non è così, finché un giorno, finalmente, esplodete e vi portate dietro un bagaglio di lotte dal passato.

Alcune coppie non litigano perché temono che questo li porterebbe ad odiarsi. Pensano che i rischi di parlare a voce alta porterebbero solo a sconvolgere la pace della casa e la loro relazione, quindi rimangono in silenzio e accettano le cose come il destino. Tuttavia, ciò di cui non si tiene conto è il pericolo di non parlare e di come questo potrebbe rovinare la relazione. La mancanza di comunicazione è la ragione principale delle relazioni fallimentari. Dire la propria opinione, anche se si presenta sotto forma di discussione, è utile per aiutarvi a superare le differenze di idee, opinioni e pensieri. Non affrontare l'elefante nella stanza e fingere che tutto va bene avrà un impatto sulla vostra intimità e sulla fiducia nel vostro partner.

Il sondaggio ha anche elencato le due cose principali su cui le coppie litigano o, almeno, desiderano avere una conversazione decente, ma raramente lo fanno: soldi e sesso.

Quindi, discutere le questioni di fondo è la via per una vita più felice e soddisfacente con il partner.

Quando le questioni delicate sono discusse piuttosto che rinviate dà ad entrambi i partner la tranquillità e li aiuta a crescere insieme come coppia. L'atto di litigare può anche far capire l'importanza dei sentimenti del partner ed evitare di ferirlo di nuovo ripetendo l'errore fatto.

I 4 BUONI COMBATTIMENTI!

Non tutte le discussioni significano che è il momento di andare verso la porta. I litigi possono essere risolti con un po' di riflessione e analizzando ciò che li ha portati. Non appena si identifica l'errore, si farà del proprio meglio per evitarlo. Anche se nessuna coppia vorrebbe deliberatamente andare all'attacco, a volte, litigare può essere un bene per la vostra relazione. In questa sezione, daremo un'occhiata alle occasioni in cui litigare ci permette di comprendere i sentimenti del nostro partner e stabilire una connessione più forte di prima.

Sorprendente, no?

Dai un'occhiata a questi sei tipi di litigi che aiutano a riaccendere l'amore e il rispetto che desideravi dal tuo partner.

Litigi che scatenano un fantastico sesso

L'abbiamo visto in alcune delle nostre commedie romantiche preferite e abbiamo desiderato che accadesse con noi. Ricordate Mr. e Mrs. Smith? Quella scena di sesso riparatore dopo quel litigio che distrugge la casa non vi ha fatto desiderare di avere una volta qualcosa di così appassionato con il vostro partner? Il motivo per cui il sesso riparatore è così fantastico e appassionato è che i partner possiedono ancora la stessa energia e lo stesso fuoco

Che hanno usato durante la discussione. Quindi ci si può aspettare la stessa passione sotto le lenzuola.

Quindi ricordate, non tutti i litigi devono avere una brutta fine, alcuni tendono semplicemente ad avere un finale più sexy.

Una lotta che azzera i confini

A volte, finiamo per attraversare una linea che non dovremmo varcare durante una discussione. Può essere qualcosa che hai detto che ha ferito il tuo partner ad un livello più profondo e immediatamente ti sei pentito di averlo detto. Può essere un duro richiamo al loro fallimento, alle loro scarse prestazioni sessuali, o semplicemente un colpo diretto al loro carattere che li coglie alla sprovvista e finisce per ferirli. Quel preciso istante in cui questa realizzazione ti colpisce è il momento in cui capisci come deve essere stare nei panni del tuo partner in quel momento. Se non aveste litigato, non avreste mai saputo fino a che punto le vostre parole possono ferire il vostro partner e anche aiutarvi a capire un errore che non volete ripetere tanto presto!

L'incontro in cui promettete di trattarvi meglio

Avete mai litigato in modo così intenso che entrambi vi siete pentiti? È stato difficile superarlo e guardarsi di nuovo negli occhi? Molte coppie, dopo un litigio, si rendono conto di quanto sia stato dannoso per la loro relazione e giurano di trattarsi meglio la prossima volta. Il tipo di litigio che è quasi diventato fisico o ha significato la fine della vostra relazione. Alcuni litigi arrivano ad un punto in cui la coppia conclude finalmente che bisogna fare qualcosa di importante per risolvere il problema.

Questi tipi di litigi sono i migliori perché ti fanno capire che non hai preso in considerazione i sentimenti del tuo coniuge e quindi cercherai di trattarli meglio.

Litigi in cui imparate qualcosa l'uno dell'altro

Se ascoltate attentamente, una discussione con un partner può essere una grande fonte di nuove informazioni. Quindi, usa la tua mente quando ascolti quello che dicono. Forse si sono sentiti feriti per una battuta casuale che hai fatto. Dato che non vorresti che si sentissero insultati o umiliati, il tuo obiettivo sarà quello di evitare di ripetere lo stesso. Ma come ne siete venuti a conoscenza? Durante un litigio, giusto? Quindi, in un certo senso, i litigi possono aiutarvi a capirvi meglio.

QUANDO LA LOTTA NON È LA RISPOSTA!

Litigare non va bene quando si trasforma in qualcosa di più di una semplice discussione. Per esempio, se le vostre parole iniziano a cambiare il significato o a colpire più personalmente, allora significa solo che state colpendo sotto la cintura e non dovreste. Va bene dire che siete delusi dal vostro partner perché non ha fatto qualcosa che gli è stato detto di fare, ma una cosa completamente diversa è chiamarlo "fannullone" e rimpiangere il motivo per cui lo avete sposato in primo luogo.

Secondo Gilda Carla, un'esperta di relazioni, Ph.D., consulente matrimoniale e autrice di Don't Lie on Your Back for a Guy Who Doesn't Have Yours, suggerisce che gli argomenti che iniziano con la parola "tu" sono più Dannosi perché il "tu" in un litigio è sinonimo di puntare il dito (Carla, 2017).

Al partner non resta altro che controbattere con un attacco. E prima che ce ne rendiamo conto, l'equilibrio della relazione è rotto, nessuno vuole sentire l'altro, la mancanza di rispetto dilaga e la questione in discussione rimane irrisolta.

Quindi, come dovrebbe essere un litigio sano? Uno in cui c'è rispetto per l'altro, uno in cui le questioni vengono risolte con calma e maturità e in cui le parole vengono scelte con cura.

Se i litigi assomigliano a uno qualsiasi degli esempi riportati di seguito, allora si sono trasformati in qualcosa di più brutto ed entrambi avete bisogno di ripensare da dove venite e quali problemi di fondo stanno portando ai litigi.

Un litigio in cui si ha solo voglia di avere ragione

A volte, una discussione non riguarda un problema, ma piuttosto un partner che cerca di avere ragione su qualcosa. Non te l'avevo detto, ma cavolo, mi ascolti mai?

Quando un litigio si trasforma in una discussione su chi aveva ragione, le cose si complicano. Ma chiedetevi questo, preferireste avere ragione su qualcosa o essere felici con il vostro partner? Se la vittoria è la vostra scelta, allora il problema è vostro e non loro.

Il tuo unico obiettivo è diventato quello di abbattere il tuo partner e fargli capire che aveva torto invece di sistemare le cose. Cerca di lasciarti andare quando litighi per piccole cose e sforzati di risolvere il problema in modo maturo e ragionevole.

Continuate a litigare per gli stessi problemi

Molte volte non ci rendiamo conto che il motivo per cui abbiamo iniziato a litigare ogni giorno per cose insignificanti è un problema di fondo che deve essere risolto. Anche la più piccola delle cose che il vostro partner fa inizia ad infastidirvi e provoca un'alzata di occhi, distanza fisica, o un tono sarcastico o agitato. Questi problemi di fondo devono essere affrontati al più presto perché a nessuno piace litigare per qualcosa di insignificante e anche questo, ogni due giorni. Quindi, se pensate che il motivo per cui qualsiasi cosa faccia il vostro partner vi infastidisca, scoprite cosa potrebbe infastidirvi.

Il litigio che riguarda le scelte di vita del tuo partner

Immaginate una discussione in cui continuate a ricordare al vostro partner quanto sia noioso perché non gli piace fare festa come voi nei fine settimana e invece sceglie di stare a casa a guardare qualche spettacolo su Netflix. Prima di tutto, questo è qualcosa che sapevate già del vostro partner quando lo avete incontrato. Quindi non avete il diritto di litigare su come scelgono di passare il fine settimana. In secondo luogo, quando litigate per questo, li state semplicemente colpendo sotto la cintura suggerendo che la loro vita non è così eccitante o divertente. Nessun partner in una relazione impegnata dovrebbe cambiare per l'altro, se non in meglio. Tutti abbiamo preferenze personali, e se lui/lei non vi impedisce di uscire e fare festa come se fosse il 1999, allora non avete il diritto di chiedergli di rinunciare alla loro attività di svago. Il tuo partner potrebbe iniziare a pensare di non essere abbastanza bravo per te o di non renderti felice anche anche se non dovrebbero esserne colpevoli.

Invece di litigare, scegliete un compromesso e cercate di andare incontro all'altro a metà strada. Se il tuo partner non si aspetta che tu stia a casa con lui, non dovresti obbligarlo ad uscire e viceversa.

Un litigio che è l'occasione per criticare personalmente l'altro

Tutto quello che volevi dire era: tesoro, puoi per favore portare fuori la spazzatura o tesoro, quanto tempo prima che la cena sia servita. Ma invece, ecco cosa hai detto.

Perché non puoi portare fuori la spazzatura da solo? Perché devo ricordartelo ogni giorno? Almeno, sii responsabile per una volta, o Gesù, perché sei così lento? Quanto tempo ci vuole per preparare un pasto? Perché sei così pigro?

Quello che hai fatto lì è più che sfogare la tua rabbia. Hai scelto di attaccarli personalmente. Quando le tue parole e azioni colpiscono il carattere di una persona, si può creare una divisione tra voi due. Attaccare la personalità di qualcuno lo lascerà solo a provare animosità verso di te perché si sentirà insultato e umiliato. E se viene fuori di fronte ad amici o familiari, ci si può aspettare una lotta non appena sono fuori dalla porta. Pertanto, fate attenzione a come scegliete di esprimere la vostra rabbia. Nessun partner ha bisogno di sentirsi indegno.

Il litigio consiste nel non discutere affatto

Alcune coppie litigano per il fatto che non litigano per niente. Sì, ironico, lo so, ma questo è uno dei motivi più comuni per i litigi.

Quando non ci sono litigi o discussioni tra le coppie, significa che i sentimenti non vengono comunicati come dovrebbero e questa mancanza di comunicazione non fa che aumentare i livelli di frustrazione e si traduce in una distanza tra voi. Un partner può pensare che la ragione per cui l'altro partner non litiga è che non gli interessa più e questo distacco emotivo può significare cento cose diverse. Ricordate il periodo in cui vi siete incontrati per la prima volta. Al vostro partner non piaceva sentire il vostro punto di vista o discutere delle sue opinioni? Ora immagina che tu abbia smesso di fare tutto questo. Che tipo di messaggio dovrebbe ricevere il tuo partner? La reazione più comune sarebbe pensare che non ti interessa più niente. Quando i problemi non vengono discussi tra i partner o, peggio, discussi con qualcun altro, possono alimentare il conflitto interiore e rendervi meno felici. Tieni presente che evitare può significare la morte di una relazione.

Il litigio riguarda il modo in cui si litigate

La maggior parte dei nostri litigi inizia con questioni meno importanti. Tuttavia, quando uno dei partner inizia a urlare o a puntare il dito, il litigio non riguarda più quella questione. L'argomento si sposta da questo a come uno litiga e perde la pazienza o alza la voce. Questo non fa che intensificare la lite fino al punto in cui entrambi i partner si sentono emotivamente feriti dal modo in cui la loro opinione è stata trattata.

Cinque cose che non dovresti mai fare in un litigio

Ci sono due modi per litigare con il vostro partner. Il promo è un modo produttivo e rispettoso in cui vi inseguite l'un l'altro e rispettate i reciproci spazi personali.

E poi c'è il modo improduttivo o tossico che include urlare, spingere, accusare verbalmente, e un sacco di giudizi e imprecazioni. È importante notare che durante qualsiasi litigio, non importa quanto grande o piccolo, l'abuso emotivo o fisico non dovrebbe mai essere il modo. Quando l'abuso diventa la norma e un partner teme l'altro, diventa violenza. Nessuna coppia, dovrebbe arrivare a questo punto.

Detto questo, ci sono diverse cose che facciamo che rendono la discussione molto peggiore. Possono essere i nostri commenti duri o sarcastici che mandano fuori di testa il partner o le nostre azioni involontarie come prendere a pugni il tavolo o lanciare e rompere cose. Pertanto, è sempre utile prendere nota delle cose che potresti aver fatto al tuo partner e che storicamente lo segnerebbero come il peggior litigio mai avuto. In questa sezione, parleremo di 5 cose che potresti fare che farebbero infuriare un partner e non finirebbero bene. Cerca di evitarle assolutamente.

Esagerare con gli insulti

Non è mai accettabile sfruttare le insicurezze o le vulnerabilità di qualcuno quando si discute con lui. Potreste essere frustrati e arrabbiati per il modo in cui stanno gestendo la cosa, ma questo non vi dà ancora il diritto di colpire sotto la cintura magari chiamandoli per nome. È molto facile per alcuni partner usare insulti per sminuire e, dal momento che sono stati insieme per molto tempo e sono consapevoli delle debolezze e delle insicurezze del loro partner.

Pensano che facendo così, questo darà loro un vantaggio e dimostrerà che hanno ragione. Purtroppo, fa l'esatto contrario e mostra quanto siete insensibili e quanto in basso potete scendere per dimostrare che avete ragione.

Il più grande problema con gli attacchi personali è che il partner potrebbe non dimenticare e perdonare mai, e diventerà difficile vedere oltre, non importa quante volte vi scusiate. Pertanto, è meglio evitare qualsiasi tipo di attacco personale solo per dimostrare il proprio punto di vista e concentrarsi esclusivamente sul problema in questione piuttosto che ferire il partner dove fa più male. Il rispetto non dovrebbe mai essere violato nel mezzo di un litigio ed entrambi i partner dovrebbero saperlo.

Prendere decisioni importanti durante il litigio

Quando le cose si scaldano, le coppie dicono cose di cui di solito finiscono per pentirsi. Quando si litiga, non si è in grado di prendere decisioni sensate e quindi si dovrebbe evitare di farlo. A meno che non abbiano fatto qualcosa di imperdonabile, aspettate che le cose si calmino prima di prendere una decisione.

Allontanarsi durante il litigio

Chiamato "stonewalling", è quando un partner si chiude completamente e si disinteressa della discussione. Non solo è irrispettoso, ma termina anche la discussione a metà senza alcuna conclusione. Può anche aumentare la rabbia e la collera del vostro partner.

Se la ragione per cui siete usciti è che avevate bisogno di un po' d'aria o di una pausa per pensare alle cose o per fermarvi dal fare qualcosa di orrendo, allora esprimete chiaramente la vostra motivazione della fuga. Fategli sapere che avete ascoltato le loro ragioni e che penserete a ciò che è stato detto. Questo è il modo migliore per prevenire il distacco tra le coppie.

Il tuo linguaggio del corpo è fuorviante e giudicante

Il più delle volte, siamo così concentrati sul litigio e su ciò che l'altro partner sta dicendo che non riusciamo a percepire le risposte del nostro corpo verso quelle parole. Le azioni non verbali esprimono il vostro vero pensiero perché non possono essere falsificate in momenti come questi. Quindi, se il tuo partner ti sorprende a roteare gli occhi su alcuni suggerimenti che ha appena fatto, probabilmente gli trasmette che non la reputi intelligente e che, in realtà, li stai solo prendendo in giro. Sarebbe sbagliato se si sentissero ancora più infuriati? Perché chiaramente, state dicendo qualcosa e dimostrando qualcos'altro. Come possono fidarsi delle tue parole e non delle tue azioni? I sentimenti rappresentati durante un litigio di solito sono accompagnati da una grande energia. Per esempio, se sei arrabbiato per qualcosa, è abbastanza naturale usare i gesti delle mani per raffigurarlo. Potresti involontariamente spingere il tuo partner a pensare qualcosa di diverso da quello che stai dicendo, anche se questo è il tuo modo di sfogarti.

Quindi, assicuratevi di esprimervi con attenzione e di limitare l'energia con cui lo fate. Non c'è bisogno di

Farsi prendere dall'entusiasmo durante un litigio quando più tardi, probabilmente, lo risolverete in modo calmo e rilassato.

Continuare a tirare fuori gli errori del passato

Tirare in ballo il passato in una discussione e aspettarsi che il vostro partner si senta in colpa per questo non è un modo per affrontare o risolvere un litigio. Nel momento in cui porti sul tavolo qualsiasi lamentela irrisolta, la questione presente non rimane più la questione principale, e vi ritrovate di nuovo al punto di partenza. Iniziate a litigare per qualcosa per cui avete litigato anche prima, ma per cui non c'è stata alcuna risoluzione. Quindi cosa succede se un partner ha tradito in passato? Non c'è bisogno di continuare a ricordarglielo più e più volte, specialmente quando si è scusato sinceramente e state cercando di andare avanti. Imbrogliando si può vincere la discussione, ma si può finire per ferire di più il vostro partner.

Non è così che si combatte lealmente, specialmente con un partner che ha già sbagliato e si sente in colpa per questo. Renderà solo la lotta più conflittuale e controproducente. Peggio ancora, il vostro partner potrebbe mettersi sulla difensiva. Se avete ancora delle rimostranze irrisolte nei confronti del vostro partner, fissate un momento per discuterne in un'altra data. Ma non continuate a parlarne ogni volta che pensate di perdere.

Non voglio più combattere

Indipendentemente da tutto ciò che abbiamo discusso prima, la verità rimane la stessa. A nessuna coppia piace litigare. Anche quando litigano, vogliono finirla il prima possibile. Ci sono diversi modi per risolvere un litigio. Modi che non solo vi aiuteranno come coppia a tornare a come eravate, ma vi permetteranno anche di capire le ragioni per cui è successo e come prevenirlo in futuro.

In questa sezione, parleremo di come ristabilire l'equilibrio nella relazione dopo un litigio. Dopo tutto, per quanti giorni pensate di ignorarvi a vicenda? Alla fine dovrete tornare insieme.

Come ripristinare l'equilibrio in una relazione

Risolvere un litigio con l'altro? È possibile? Non continueranno a tirarlo fuori di tanto in tanto?

Bene, la verità della questione è che risolvere una discussione è abbastanza facile quando entrambi i partner riconoscono le differenze di opinione e sono pronti ad affrontare le questioni in modo propositivo. Discuteremo di più su questo più avanti, ma per ora, impariamo alcuni mezzi infallibili non solo per porre fine a una discussione, ma per risolverla una volta per tutte.

Concentrarsi sul presente

I litigi sono il risultato di conflitti non risolti del passato. Tuttavia, cercare di tirare fuori qualcosa di completamente diverso da ciò per cui state litigando non farà altro che aggiungere altro risentimento.

Evitate di farlo e concentrarsi solo sulla questione attuale. Questo vale anche per tutte quelle volte in cui si cerca di usare il passato per dimostrare un punto o trasmettere un messaggio. Semmai, può far sentire il tuo partner attaccato o giudicato e spostare l'attenzione dal problema presente.

Tuttavia, se ti ritrovi sempre a portare rancori del passato, significa che non li hai ancora superati e per andare avanti, devi prima sederti e risolverli.

Personalizza le tue dichiarazioni con "io"

Usate frasi che enfatizzano di più un opinione personale piuttosto che una generale. Per esempio, se ti sei sentito insultato da qualcosa che ha detto il tuo partner, invece di dire qualcosa come: "Quello che dici è sbagliato", di' qualcosa come: "Io penso che quello che hai detto sia irrispettoso nei miei confronti ", argomentando il tuo pensiero.

Le dichiarazioni che iniziano con una nota personalizzata, come la parola "io", permettono al tuo partner di vedere quanto ti sei sentito ferito.

Evitare di essere passivo-aggressivo

Cercate di non agire in modo passivo-aggressivo. Non aiuta a risolvere nessuna discussione - grande o piccola. I comportamenti passivo-aggressivi sono veleno per la comunicazione e peggiorano solo le discussioni. Invece di esprimere la vostra rabbia con le parole, si scelgono comportamenti come cercare di far ingelosire, spettegolare, fingere che non esistano, o cessare del tutto di comunicare con loro

Scegliete sempre di dire la vostra opinione in modo che il problema possa essere risolto il più presto possibile senza degenerare in qualcosa di più grande. Molti partner scelgono di rimanere in silenzio o di usare un tono sarcastico invece di dire semplicemente: "Sono arrabbiato con te", lasciando così i loro partner in un misto di confusione e mancanza di idee su come superare questo silenzio.

Come detto sopra, usate le dichiarazioni "io" per far sapere al vostro partner che avete fatto qualcosa che lo ha fatto arrabbiare, invece di nascondervi o ignorarlo. Più si è aperti, più facile sarà risolvere una discussione.

Usare un linguaggio adeguato

Non usate mai un linguaggio dispregiativo durante un litigio, perché non farà altro che alimentarlo. Le parole che scegliete e il modo in cui le pronunciate sono molto importanti in qualsiasi litigio con il vostro partner. Si può avere un linguaggio del corpo diverso che fa da contrasto alle parole. Anche quando siete in una conversazione accesa, usate un linguaggio appropriato per esprimere le vostre emozioni. Dovete rimanere rispettosi e fare in modo che anche il vostro partner non si senta mancato di rispetto.

Anche quando pensate che perderete la testa se continuate la discussione, scegliete di astenervi dall'usare parole dure o imprecazioni. Anche urlare non è accettabile a nessun costo. Il motivo per cui devi essere extra cauto con il tono e l'intonazione della tua voce è che a volte

Non ci rendiamo nemmeno conto che stiamo urlando, a meno che l'altra persona non ce lo faccia notare. Se vi viene detto di abbassare la voce, fatelo.

Comunicare apertamente le proprie aspettative

Siate chiari su ciò che vi aspettate che il vostro partner faccia. Non c'è bisogno di confonderli con enigmi o evitare di conversare con loro solo perché hanno fatto qualcosa che non vi è piaciuto. A volte le nostre parole possono anche avere doppi sensi o essere intese in modi diversi, per questo è sempre meglio essere chiari sulle proprie aspettative quando si risolve una discussione con il partner.

Chiedere un aiuto esterno

Se la questione non raggiunge ancora una conclusione fruttuosa, forse avete bisogno che qualcun altro intervenga e prenda il controllo. A volte, una nuova prospettiva può aiutare entrambi i partner a vedere il problema in maniera completamente diversa. È qui che entra in gioco la consulenza o la terapia professionale. Assumete un consulente matrimoniale per migliorare la comunicazione. Un consulente professionale può aiutarvi con consigli su come parlare l'uno con l'altro senza irritarsi o come risolvere discussioni e conflitti.

CAPITOLO - 3
ACCETTARE E CONDIVIDERE LE OPINIONI

Alcune persone, quando iniziano a frequentarsi, pensano che avere differenze di opinioni su politica, religione, valori o moralità significhi saranno sempre in lotta dal primo giorno. Questo è lontano dalla realtà e diventa un problema solo quando entrambe le parti si rifiutano di prendere in considerazione i punti di vista dell'altro. Invece di accettarli o vederli come una nuova prospettiva, li percepiscono come qualcosa di negativo e quindi cercano sempre di cambiarli. Le opinioni possono essere cambiate, ma non sempre è necessario. Se riportiamo le cose al giorno in cui vi siete incontrati, non sono state forse le vostre differenze ad attrarvi l'un l'altro all'inizio? C'è un forte sostegno dietro l'idea che gli opposti si attraggono - provato sia dalla scienza che da esperti psicologici.

Avere un'opinione diversa in effetti complica un po' le cose in una relazione, ma ci sono molti modi per affrontarla.

In questo capitolo, non solo esamineremo questi modi, ma impareremo anche perché le persone hanno opinioni diverse e perché dovrebbero essere accettate e apprezzate.

HO QUALCOSA DA DIRTI

Nel momento in cui le coppie iniziano a vivere insieme, sono destinate a scontrarsi con le opinioni dell'altro - la maggior parte delle quali potrebbero non corrispondere alle vostre. Questo può portare a incomprensioni e discussioni anche su questioni minori. Le differenze possono essere viste nel modo in cui si spende il denaro in casa, chi prende l'ultima decisione, chi disciplina i bambini, chi è responsabile della gestione della casa e dell'educazione dei bambini, ecc.

Veniamo tutti da famiglie diverse, da quartieri diversi o da diverse parti del paese. I partner possono essere stati educati in un certo modo che è in conflitto con il modo di vivere dell'altro. In alcune case, è considerato brutto rispondere al proprio marito; mentre, in alcune case, quasi tutte le decisioni importanti vengono prese reciprocamente dopo approfondite discussioni. Questa diversificazione degli ambienti e le esperienze della prima infanzia giocano un ruolo cruciale nello sviluppo della personalità. Il vostro partner potrebbe provenire da una famiglia che ha trascorso tutte le vacanze estive nei boschi, ma voi potreste non aver mai sperimentato nulla all'aperto. Quindi, quando si tratta di portare i bambini da qualche parte, il vostro partner potrebbe insistere per affittare un camper, mentre a voi potrebbe piacere di più visitare un'altra città per passare un po' di tempo con la famiglia.

Abbiamo anche diverse educazioni, diversi lavori e diverse prospettive di vita. Tutte queste cose possono facilmente diventare problematiche quando rimangono inascoltate o irrisolte.

Tuttavia, queste differenze non significano che il vostro partner abbia ragione e voi no o che vi sminuiscano in alcun modo. Accettare le opinioni degli altri è un aspetto cruciale di ogni matrimonio. Una relazione può essere promossa con unità e comprensione dove ogni idea diversa viene discussa con una mente aperta.

Perché dovresti ascoltare quello che il tuo partner ha da dire

Crediamo che tutti dovrebbero vedere il mondo come lo vediamo noi. Pensiamo che sia il modo giusto e raramente siamo propensi a cambiare idea su di esso. Quando siamo in una relazione con un partner che ha un punto di vista completamente diverso dal nostro, è facile incolparlo di essere disinformato o di vivere con un'opinione distorta della realtà.

Ma anche loro probabilmente pensano lo stesso delle vostre opinioni. Quindi, come potete continuare a vivere con loro quando senti costantemente che hanno torto e viceversa?

Prima di tutto, ogni individuo ha diritto alle proprie opinioni. Le opinioni si formano sulla base di eventi reali e rendono l'individuo quello che è. Come coppia, dovreste sempre valorizzare e rispettare i punti di vista del vostro partner.

Non sono sbagliati, solo diversi.

Tenete in mente che viaggiare insieme non sarà mai facile o semplice come una andare in linea retta. Entrambi avete scelto di stare insieme e quindi dovete fornirvi a vicenda un po' di spazio e comprensione per le cose in cui credete. Avere un partner con un'opinione diversa è una cosa buona per molte ragioni. Per cominciare, arricchisce e amplia la vostra visione della realtà. Poi, vi permette di mettere in discussione le vostre convinzioni e opinioni e vedere se vi sbagliate. Un'opinione diversa può anche darvi la possibilità di chiedere loro cosa li ha fatti pensare in quel modo o perché credono in quello in cui credono. Le nuove informazioni possono aiutare voi due a capirvi meglio e a rafforzare il vostro rapporto.

Inoltre, quando riconoscete e accettate le opinioni del vostro partner, si sentirà più apprezzato e compreso. Quando si sentirà così, sarà più aperto con voi e si sentirà sicuro nel condividere con voi i suoi pensieri e le sue idee più profonde. Il livello di fiducia tra voi due fiorirà, e il vostro partner non avrà bisogno di amplificare le sue opinioni solo per essere ascoltato.

Aiuterà anche a colmare il divario tra voi due mentre imparate a rispettare i punti di vista dell'altro.

Inoltre, ci possono essere momenti in cui una delle vostre decisioni potrà richiedere più riflessione da parte vostra e il vostro partner può aiutarvi a prendere quella corretta.

Per esempio, state pensando di trovare un nuovo lavoro. Stai pensando a un buon aumento di stipendio e a meno ore di lavoro. Tuttavia, potresti trascurare aspetti come le lunghe ore da pendolare e il traffico intenso. Se il vostro partner sa quanto vi sentite frustrati quando guidate per molte ore, potrebbe chiedervi di ripensarci. Potresti sentirti un po' preso alla sprovvista dalla loro idea e credere che non vogliono vederti avere successo. Ma quando vi sedete a discutere sul perché voi pensate che sia una grande idea e perché loro pensano il contrario, un diverso punto di vista potrebbe farvi cambiare idea. Potreste rendervi conto che la loro preoccupazione non riguardava il fatto che voi guadagnerete di più, ma piuttosto si preoccupano per il vostro umore e la vostra salute. Quindi un punto di vista diverso può aiutarvi a vedere oltre le cose scintillanti.

Potete anche visualizzare gli impatti a lungo termine delle vostre decisioni. Per esempio, se continuiamo con lo stesso esempio di cui sopra, il vostro obiettivo primario era a breve termine. Volevi solo lavorare qualche ora in meno ed essere pagato di più. Tuttavia, la preoccupazione del tuo partner era più sulla tua salute.

Una differenza di opinioni può anche aiutarvi a superare le vostre debolezze. Come esseri umani, abbiamo l'abitudine di sottovalutare le nostre capacità e i nostri talenti. Pensiamo sempre di non essere abbastanza bravi. Questa è la vostra opinione di voi stessi. È probabile che in passato abbiate rifiutato alcune buone opportunità a causa della stessa paura. Ora inserisci in questa situazione un partner che pensa che nessuno possa batterti nelle cose in cui sei bravo.

Questa spinta positiva e rinfrescante di un'opinione completamente diversa di te stesso migliorerà la tua autostima.

Come risolvere le opinioni contraddittorie senza litigare?

Tra i partner sorgeranno opinioni diverse - questo è un dato di fatto! Come le risolverete è la domanda più importante. A volte, queste differenze di opinione possono diventare il motivo di litigi e discussioni tra le coppie. Quindi, come si può superare questo e accettare e rispettare le opinioni dell'altro senza litigare?

Abbiamo alcuni ottimi consigli da offrire. Date un'occhiata!

Negoziazione

La negoziazione o il compromesso è un modo adatto per uscire da una differenza di opinioni in situazioni complesse. Quando volete fare qualcosa a modo vostro e il partner interviene con le sue metodologie, optate per un compromesso. Trovate un modo in cui nessuno dei due si senta escluso o mancato di rispetto. Se non riuscite a raggiungere un compromesso e non siete disposti a rinunciare alla vostra posizione, è meglio evitare del tutto il tentativo. Dopo tutto, niente può essere più importante della vostra relazione, giusto? Non siate determinati a dimostrare di avere sempre ragione.

Non discutere

A volte, può essere molto difficile cambiare la prospettiva di qualcuno sulle cose perché sono molto personali.

In questo caso, è ingiusto da parte vostra aspettarvi che il vostro partner vi rinunci.

Sii ragionevole

Quello che il vostro partner sta dicendo potrebbe essere razionale, e voi lo sapete, ma se continuate a discutere, allora è solo egoismo da parte vostra. Prova a metterti nei panni del tuo partner e guarda il mondo con i suoi occhi per una volta. Se sapete che hanno ragione e continuate a litigare per il gusto di avere ragione, allora dovete fare marcia indietro ed essere più maturi.

Non forzare

Non è sano imporre le proprie convinzioni a qualcuno e aspettarsi che le rispetti completamente. Nessuno ha mai detto che le differenze di opinione sono una brutta cosa. Costringere qualcuno a pensare in un certo modo perché si pensa che sia giusto non è giustificabile. Sarebbe un comportamento infantile. Dite quello che pensate e lasciate che l'altra persona decida. Non forzarla.

Agire in modo maturo

Potrebbero avere ragione? Se c'è la minima possibilità che ciò che il vostro partner sta condividendo sia, in effetti, razionale, accettatelo come un adulto. Ehi, tutti possiamo sbagliare a volte. Almeno, accettandolo, il vostro partner si sentirà apprezzato.

POSSO PARTECIPARE ANCH'IO?

Ogni secondo prendiamo nuove decisioni. La decisione su cosa indosseremo oggi, cosa avremo per colazione, se fermarci per un caffè lungo la strada o no, se rispondere prima alle e-mail, ecc. Alcune decisioni non richiedono molta riflessione. Si può rispondere con un sì o un no. Tuttavia, alcune decisioni richiedono invece riflessione e analisi. Decisioni che devono prima essere verificate con le persone con cui si vive. Una volta che vi sposate, qualsiasi decisione che pensate richieda una certa comprensione deve essere prima verificata con il vostro coniuge. Perché? Perché è probabile che anche loro ne saranno influenzati. Per esempio, supponiamo che tu decida di fare una gita con i tuoi compagni d'ufficio durante il fine settimana. Solo un piccolo campeggio o una gita di pesca. Dite ai vostri amici di tenere le valigie pronte solo per tornare a casa e rendersi conto che anche il vostro partner ha qualcosa di grosso lo stesso fine settimana e sperava che avreste voluto badare ai bambini.

Ti sei impegnato senza prima verificarlo con tua moglie e ora ti trovi in un dilemma: mentirle o dirglielo e sperare che lei rinunci. Se solo le avessi chiesto i suoi piani prima di dire di sì ai tuoi amici, avresti potuto evitare l'imbarazzo e tutte le bugie, giusto?

Quindi è solo una questione di condivisione poiché il matrimonio è un impegno reciproco che voi due avete preso l'uno verso l'altro. Le decisioni prese da soli, senza consultare il proprio coniuge, possono avere effetti dannosi sul vostro rapporto.

Nascondere le cose o non condividerle deliberatamente con loro può creare distanza e influenzare la vostra salute emotiva, sessuale e mentale.

Quali decisioni sono considerate importanti?

Ci sono alcune decisioni che si possono prendere da soli, e altre che dovrebbero sempre essere prede di comune accordo. In molte famiglie, ci si sente spesso esclusi quando il proprio partner prende importanti decisioni all'insaputa dell'altro. Cose come investire in una proprietà o stipulare un grosso prestito. Molti uomini presumono che le donne non abbiano nulla a che fare con la gestione del denaro o non siano in grado di offrire alcun consiglio a questo proposito, motivo per cui non c'è bisogno di coinvolgerle.

Questo potrebbe essere estremamente doloroso nel caso in cui il partner lo scoprisse per altre vie. Non solo si sentiranno esclusi, ma penseranno anche che il loro partner li considera ingenui con zero conoscenze. Una volta allo scoperto, è probabile che nasca una discussione in cui entrambi i partner si sentiranno più feriti. Quindi, quali altre decisioni la coppia dovrebbe decidere e concordare reciprocamente?

- Dove vivrete?
- Come sarà gestita la casa?
- Come saranno divisi i compiti?
- Chi sarà responsabile delle finanze e come saranno gestite?

- Come verranno decisi i viaggi in famiglia?
- Quanto tempo si passerà con la famiglia dell'altro?
- Come sarà gestita una crisi?
- Quale sarà il piano per la pensione e l'assistenza?
- Quale stile genitoriale sarebbe ideale?

E non è tutto! Dovete anche discutere cosa succederà quando uno dei due partner vorrà cambiare una decisione? Per esempio, avete deciso un budget mensile. Cosa succede se uno dei due partner vuole sforare un po' e comprare qualcosa con urgenza? Anche la decisione di sforare o di aspettare dovrebbe essere presa di comune accordo.

Quali cose dovrebbero essere decise di comune accordo?

Anche se abbiamo brevemente elencato alcune cose importanti da decidere reciprocamente, ci sono anche alcune cose che i partner pensano di non dover discutere con i loro coniugi, ma dovrebbero.

Svaghi

Ci sono vari modi di dire una cosa. Prova a cogliere le differenze tra ciascuna di queste frasi e indovina perché il tuo coniuge potrebbe sentirsi arrabbiato. "Stavo pensando di fare un viaggio per qualche giorno. Il lavoro

È troppo frenetico e ho bisogno di una pausa. Cosa ne pensi?"

"Ehi, questo fine settimana vado a fare un'escursione".

Vedi la differenza? Il primo è più un suggerimento e un'idea che stai condividendo, mentre il secondo sembra una decisione che hai già preso per conto tuo senza consultare il tuo coniuge e ora glielo fai sapere, aspettandoti che gli vada bene.

Il vostro partner potrebbe sentirsi svalutato e arrabbiato perché ogni volta che vi chiede di fare qualcosa, voi adducete sempre la scusa di non avere abbastanza tempo. Si aspetterebbe che tu completassi prima le faccende in sospeso e poi che pensassi a un viaggio.

Lasciare un lavoro

Non puoi semplicemente lasciare il tuo lavoro senza prima consultarti con il tuo partner su come verranno gestite le finanze se ti licenzi. Lasciare il lavoro è una grande decisione, anche per te. Certo, ci sono giorni in cui la frustrazione si fa sentire e tutto il tuo duro lavoro non viene apprezzato. Ma questo non è un motivo sufficiente per lasciare il lavoro, specialmente se non ci hai pensato bene. Qualsiasi decisione presa in un momento di rabbia diventa spesso un rimpianto.

Accettare un nuovo lavoro

Allo stesso modo, quando pensate di iniziare a lavorare o di cambiare lavoro, il vostro partner dovrebbe essere il primo a saperlo. Se pensate che il vostro coniuge sia anche solo un po' saggio, è probabile che il suo contributo alla vostra decisione di accettare un lavoro sia costruttivo. Non vuoi iniziare un nuovo lavoro senza averne valutato tutti i pro e i contro. Per fortuna, il tuo partner, che ha una prospettiva diversa, può aiutarti a vederli più chiaramente e a raggiungere una decisione più sensata.

Investire denaro

Se sono i vostri soldi e il vostro partner o la vostra famiglia non hanno nulla a che fare con essi (come un'eredità), allora potete scegliere di investirli dove volete. Tuttavia, se riguarda il vostro stile di vita, l'istruzione e l'educazione dei vostri figli e il vostro status sociale, allora il vostro coniuge deve sapere dove va e perché. Anche se è solo inattivo in una banca, il vostro partner ha tutto il diritto di sapere dove avete intenzione di investirlo nel caso in cui avesse già dei piani per investirlo altrove.

Cambiare le religioni

Questo non dovrebbe essere un problema se siete una coppia interreligiosa e desiderate praticare le vostre religioni separate. Tuttavia, un problema può sorgere quando voi due siete della stessa fede e uno di voi decide di cambiare la propria. Inoltre, se il vostro partner è estremamente religioso, può essere un problema maggiore. Cambiare fede non è semplice come cambiare auto o casa. Cambiare la propria fede influisce su molteplici aspetti della vostra vita di coppia, come ad esempio come verranno cresciuti i bambini, quale religione seguiranno, come sarà la vostra vita sociale, quale sarà la reazione della famiglia e persino come voterete. Tutto questo non è abbastanza importante da giustificare una discussione coi vostri partner?

Avere dei figli

A volte può essere una sorpresa, ma ogni coppia ha un idea chiara sui figli. Alcuni amano le sorprese che arrivano sotto forma di bambini, ma non tutti. Se state, per qualsiasi motivo, cambiando la vostra idea sul fatto di avere figli, dovreste parlarne col vostro partner. Se vuoi interrompere la pillola a causa di alcuni problemi di salute e non stai ancora pianificando un bambino per il prossimo anno, devi far sapere al tuo partner che dovrebbe indossare un preservativo o stare più attento durante il sesso. Inoltre, se state pensando di rinunciare all'idea di essere genitori, il vostro partner dovrebbe saperlo.

Accogliere un fratello o un parente

Una tua amica si fermerà per qualche settimana? Tuo fratello vivrà con noi ora che è in città e sta cercando un lavoro? Queste sono domande che le coppie devono discutere prima di invitare un ospite in casa. Inoltre, non si può semplicemente far entrare qualcuno senza chiedergli quanto tempo ha intenzione di rimanere. Chiedete sempre al vostro partner se si sentirebbe a suo agio con il nuovo membro in casa o no. Naturalmente, non avrebbe senso chiederglielo davanti all'ospite a cose fatte. Non fate al vostro partner una sorpresa così grande, soprattutto se non è estroverso e ama passare il suo tempo in casa privatamente.

Richiedere un prestito bancario

Dato che voi due siete legati per l'eternità o finché morte non vi separi, le vostre finanze influiranno anche su quelle del vostro partner. Accettare un debito significa che non avranno altra scelta che pagare nel caso in cui non lo facciate voi. Non farlo potrebbe significare perdere tutto - la casa, la macchina e i soldi risparmiati. Perciò, discutete bene con il vostro partner del perché lo state facendo e pianificate come lo restituirete. Create anche un fondo di emergenza nel caso in cui siate in ritardo con qualche pagamento. Tutto questo è possibile solo quando avete il vostro partner a bordo fino in fondo.

Portare a casa un animale domestico

Anche se portare un nuovo animale domestico non è così importante come tornare a casa e trovare un nuovo ospite fisso in casa, è comunque meglio consultarsi con il proprio partner o almeno farglielo sapere in anticipo. Se state insieme da poco e avete poca idea di come il partner reagirà all'arrivo di un animale, sarebbe meglio discuterne con loro e vedere se sono d'accordo. Dopotutto, nei giorni in cui voi non siete a casa e ci sono loro, sarà loro responsabilità occuparsene. Sono preparati per questo? Aggiungete i viaggi alle cliniche veterinarie e i soldi per il mantenimento che verranno tolti da entrambi i vostri stipendi.

Comprare una proprietà

Ci sono una dozzina di cose a cui pensare prima di fare un passo così grande. Si deve pensare al proprio lavoro, quanto tempo ci vorrà per fare il pendolare, quanto sarebbe lontana la scuola del bambino, come si incontrerà la famiglia, ecc. Decisioni così grandi richiedono l'input di entrambi i partner e la decisione di trasferirsi o meno dovrebbe essere reciproca. Non puoi aspettarti che il tuo partner rinunci a tutto e si trasferisca nella nuova casa - forse qualche anno più avanti, ma non ora, quando sono all'apice della loro carriera o si aspettano una grande promozione.

Come prendere decisioni comuni

Quando ci si sposa, molte cose cambiano. Il matrimonio è diverso dagli appuntamenti e comporta decisioni prese insieme. Non sei più l'unico a decidere nella relazione e devi consultare il tuo partner. Si tratta di qualcosa di più che condividere lo stesso spazio. Nel momento in cui ti sposi, devi iniziare a navigare con il partner al tuo fianco.

Il processo decisionale è una di quelle abitudini a cui è difficile rinunciare e spesso è la ragione di conflitti e discussioni tra le coppie. Laddove un partner può pensare che qualcosa non sia abbastanza importante da meritare una discussione, gli altri potrebbero pensarla diversamente. Dato che entrambi i partner provengono da ambienti diversi, è sempre difficile mettere insieme le vostre teste e pensare come uno solo. Quindi, per aiutarvi a vedere le cose insieme e come decidere reciprocamente le cose, ecco alcuni ottimi consigli per rendere il processo di decidere reciprocamente meno scoraggiante.

Non escludere il tuo partner

Molte volte pensiamo che le nostre idee siano così brillanti da non aver bisogno di altri pareri. Tuttavia, anche in questo caso dovrebbero essere discusse con il vostro partner. Se anche loro la considerano brillante, complimenti a voi. Se non lo fanno, ascoltate quello che hanno da dire prima di escluderli completamente. Dovete sempre sapere quali altre opzioni sono disponibili e se sono meno rischiose. Non dovete dire unilateralmente no a qualsiasi cosa abbiano in mente, perché questo non farebbe altro che distruggere la loro autostima.

Inaridirebbe anche i loro spiriti, ed essi si sentiranno traditi e lasciati fuori.

Ascolta il tuo istinto

Quando valutate diverse opportunità, prestate molta attenzione a ciò che vi dice l'istinto. A volte capita che anche la migliore delle idee non sia soddisfacente. C'è sempre qualcosa che vi preoccupa. Se il vostro partner ha discusso con voi qualcosa di importante e voi non riuscite a togliervelo dalla testa perché vi sembra sbagliato, fateglielo sapere. Se il pensiero di ciò vi rende ansiosi, fateglielo sapere anche questo. Potrebbe esserci qualcosa che non avete anticipato e anche se potreste ancora lottare per identificare la causa dell'ansia, saprete comunque che ha bisogno di maggiore comprensione. Una discussione dettagliata con il vostro partner può aiutarvi in due modi. Primo, il vostro partner, può calmare la vostra ansia. Secondo, potrebbe anche ritardare la decisione e farvi riflettere ancora un po'. L'intuizione è un sentimento molto forte e non deve essere scartato come un dubbio casuale. Se una decisione imminente vi infastidisce, discutetene e poi decidete insieme la linea d'azione.

Sii genuino con le tue richieste

L'obiettivo dovrebbe essere quello di lavorare diligentemente insieme in modo da raggiungere un accordo ragionevole e reale.

Allo stesso tempo, non siete nella posizione di fargli cambiare idea su qualcosa usando la manipolazione o altri metodi subdoli. Costringere qualcuno a fare qualcosa non è lo stesso che essere d'accordo. Se volete rafforzare il rapporto con il vostro coniuge, avere una conversazione aperta e rispettosa è la strada da seguire.

Condividi i tuoi sentimenti

Non temere la comunicazione, pensando che possa scatenare una lotta. Se hai un'opinione diversa per fare qualcosa e la ritieni più sensata, condividila. Se non conversate o non condividete la responsabilità delle decisioni con il vostro coniuge, potrebbe pensare che siete meno interessati. La volta successiva, potrebbero anche non discutere e agire alle tue spalle su qualcosa che ti coinvolge. Vi sentireste bene, specialmente se non è come volevate che fosse?

Pertanto, condividi sempre i tuoi sentimenti ed esprimi le tue preoccupazioni con il tuo partner, in modo che in seguito non ti risentirai con lui per aver preso decisioni anche per te.

Essere disposti a scendere a compromessi

Il compromesso crea una situazione vincente tra i partner. Previene la necessità di chiudere completamente le proprie idee o pensieri e aiuta la coppia ad usare il meglio di ciò che entrambe le menti hanno concepito individualmente.

A volte, va bene anche accettare semplicemente quello che il tuo partner vuole senza fare una scenata. Tenete a mente che iniziare un litigio per qualcosa è facile, ma continuare con esso e raggiungere una conclusione fruttuosa è difficile. Pertanto, non creare un polverone per ogni piccola cosa e impara a lasciarti andare a volte. Compromettersi non vi rende meno competenti.

È il modo migliore per mantenere l'armonia nel vostro rapporto. Voi due dovreste sempre cercare di lavorare come una squadra, ma anche essere disposti a piegarvi un po' per l'altro quando è necessario. Se le decisioni del vostro coniuge su qualcosa non vi causano alcun danno, allora considerate di dargli un pollice in su.

CAPITOLO - 4

MIGLIORARE LA COMUNICAZIONE

Come già discusso, la comunicazione è l'elemento più importante di ogni relazione. Nelle parti 1 e 2, abbiamo imparato come una mancanza di comunicazione tra i partner possa portare a incomprensioni, così come a discussioni e opinioni contrastanti tra i partner. Abbiamo anche visto come la scarsa comunicazione tra i partner può portare a matrimoni infelici e malsani, che nessuno merita.
Perciò, in questo capitolo, parleremo di come migliorare la comunicazione col vostro partner attraverso una serie di esercizi facili ed interessanti.

CAPISCI COSA STO CERCANDO DI DIRE?

Hai mai visto qualcuno giocare a "Chinese Whisper" (il gioco del telefono)? Hai visto come possono essere bizzarre le loro ipotesi quando cercano di dire le parole che pensano di aver sentito dire dall'altra persona? La maggior parte delle volte, la parola o la frase reale si perde nel trasferimento e qualcosa di simile succede anche nelle relazioni.

Quando i partner non comunicano apertamente tra loro, i sentimenti, le emozioni e i pensieri vengono distorti. Quando la maggior parte delle cose che volete dire rimangono dentro di voi, muoiono di una morte terribile. Quindi, per rendere la vostra unione più significativa e felice, dobbiamo conoscere gli ostacoli alla comunicazione che le coppie affrontano quando cercano di conversare con gli altri, in modo che la vostra relazione non sia come il gioco del telefono.

Scegliere il momento sbagliato

Scegliere un momento in cui uno o entrambi i partner non sono emotivamente disponibili può essere la più grande barriera da affrontare. Quando si cerca di avere conversazioni importanti, programmate sempre un momento in cui possano essere discusse in dettaglio. Inoltre, tenete a mente che dovete eliminare anche tutte le distrazioni esterne, il che significa mettere giù i telefoni, spegnere la TV e darvi la massima attenzione a vicenda. Non ha senso avere una conversazione quando entrambi i partner sono distratti o hanno qualcos'altro di importante in mente. Questi tipi di conversazioni raramente lasciano un segno e quindi, mettete da parte del tempo per le conversazioni importanti.

Essere troppo critico

Quando ascoltate ciò che il vostro partner ha da dire, cercate di non essere giudicanti o contrari a priori, o gli trasmetterete una mancanza di rispetto. Uno di voi potrebbe davvero avere una preoccupazione importante da discutere, ma a giudicare dal vostro atteggiamento irrispettoso, potrebbero decidere di non farlo. Quindi, siate sempre aperti a comunicare e ad ascoltare attentamente.

Tenete a mente che se vengono da voi per un'opinione imparziale, dovrebbero ottenerla. Se non lo fanno, questa sarà probabilmente l'ultima volta che si apriranno con voi. Come vi sentireste se foste nei loro panni?

Essere troppo critici o negativi

Quando un partner è negativo riguardo a tutte le idee che avete da presentare, smetterà di venire da voi per le altre, perché il vostro atteggiamento poco incoraggiante li farà sentire meno apprezzati. L'obiettivo dovrebbe essere quello di essere più espressivi e la negatività sopprime solo la propria libertà di parola. Essere troppo critici può anche essere interpretato come una mancanza di apprezzamento da parte del vostro partner, che lo allontanerà ulteriormente da voi.

Interromperli durante la conversazione

A volte, un partner sta solo cercando un mezzo per sfogare la sua frustrazione o il suo dolore. Non stanno cercando risposte e se vi capita di fare proprio questo interrompendoli tra una cosa e l'altra, li farete sentire stupidi. Anche loro sanno cosa dovrebbero fare, vogliono solo il vostro sostegno, non la vostra opinione o consiglio. L'interruzione può anche essere una barriera alle conversazioni future in cui il partner sente che non gli è stata data la possibilità di esprimersi pienamente.

Usare le dichiarazioni "Tu"

L'eccesso della parola "tu" nelle conversazioni allontana gli interlocutori dal problema e incolpa invece l'altro partner.

Diventa più un gioco della colpa piuttosto che una sana conversazione. D'altra parte, usare le dichiarazioni "io" può sembrare più empatico. L'altro partner non si sente come se fosse l'unico ad avere un problema. Le dichiarazioni "io" significano anche che il partner condivide anche la colpa ed è, quindi, aperto a discuterne.

Segni che la tua comunicazione è buona o cattiva

Ora che abbiamo identificato la principale barriera alla comunicazione, dobbiamo testare quanto è già buona o scarsa, in modo da poter lavorare per renderla più vantaggiosa, orientata ai risultati e fruttuosa. Pensatelo come un processo a tappe. Il primo passo per qualsiasi problema è l'identificazione. Il secondo passo consiste nell'affrontare i problemi o nell'identificare se il problema persiste o meno. Infine, esamineremo i mezzi per risolverlo. Dato che abbiamo già discusso le barriere nella sezione precedente, l'unico passo sensato è quello di muoversi verso l'identificazione di una buona o scarsa comunicazione.

Bene: Le vostre conversazioni sono profonde e significative

Ogni volta che vi sedete a chiacchierare, si crea questa incredibile aura in cui voi due siete il vostro vero io. Non dovete nascondere nulla l'uno dell'altro o sentirvi meno apprezzati. Quando parlate, discutete di tutto, dall'inizio alla fine della vostra giornata e di tutto ciò che c'è di buono o di cattivo in mezzo. Parlate apertamente di prospettive e non avete paura di lavorare per ottenerle. Siete anche espressivi con le vostre emozioni e sentimenti e sentite che non c'è niente che possa mettersi tra voi due.

Male: Le vostre conversazioni sono blande e inesistenti

Non c'è spensieratezza nelle vostre conversazioni. Vivete praticamente come due estranei nella stessa casa, avendo i vostri interessi e hobby. Non vi interessa sapere com'è stata la giornata del vostro partner, né ve lo chiedono loro. Potete sembrare la coppia perfetta agli estranei, ma raramente avete quei momenti in cui potete esprimervi liberamente davanti a loro.

Bene: Siete ascoltatori attenti

Tutti abbiamo bisogno di essere ascoltati e se avete qualcuno nella vostra vita con orecchie attente, siete la persona più fortunata del pianeta terra. Siete eccezionali ascoltatori attivi e vi sostenete a vicenda senza giudizio o pregiudizi. Gestite ogni discussione in modo maturo come degli adulti senza accusarvi a vicenda. Offrite consigli o opinioni solo quando vi vengono chiesti.

Male: Parli più di quanto ascolti

C'è più rumore che una vera conversazione perché sembra che voi due iniziate a parlare nello stesso momento. Nessuno di voi è disposto ad ascoltare e vuole solo esprimere come si sente senza preoccuparsi dei sentimenti dell'altra persona. Entrambi i partner si sentono come se quello che stanno dicendo fosse meno importante.

Bene: Parla piuttosto che mostrare emozioni

Entrambi ascoltate le idee e le opinioni dell'altro in modo calmo e rilassato senza scatenarvi. Questo rende più facile parlare con il vostro partner perché ci sono meno giudizi e negatività.

Male: Perdete la calma durante la conversazione

Se questo è il vostro caso e nessuna conversazione raggiunge una conclusione fruttuosa, significa che la comunicazione tra voi deve essere migliorata. Uno o entrambi state perdendo la calma e siete regressivi nell'ascoltare ciò che l'altra persona ha da dire. Questo tipo di comunicazione non fa che aumentare il risentimento che i partner provano l'uno verso l'altro, il che diventa anche una barriera nelle conversazioni future.

CINQUE ESERCIZI

PER MIGLIORARE LA COMUNICAZIONE

Il terzo passo nel processo di miglioramento della comunicazione, comporta alcuni giochi ed esercizi divertenti e pratici che entrambi i partner possono fare insieme per migliorare le loro conversazioni. È necessario tenere a mente che queste sono solo alcune idee generali per aiutare a iniziare la conversazione. Una volta iniziata, sta solo a voi decidere come proseguire. Potete andare avanti o tornare al primo passo.

Tre per tre

Per giocare a questo gioco, entrambi i partner devono scrivere una lista di tre cose che gli piacciono dei loro partner e tre che non gli piacciono.

Poi, entrambi i coniugi devono scambiarsi le note e avere una discussione sensata sia sul bene che sul male. Come regola generale, il bene deve essere apprezzato in modo che il partner ne faccia di più e il male deve essere notato ed evitato.

Per renderlo più coinvolgente, i partner possono anche essere più creativi con i loro contributi, come elencare tre casi in cui il loro partner li ha resi molto felici. Tenete a mente che tutti i punti scambiati devono essere discussi con una mente aperta con l'obiettivo finale di migliorare la comunicazione. Più sai del tuo partner, più sano sarà il tuo rapporto. In questo modo, potrete occuparvi dei loro bisogni e interessi in modo più solidale e apprezzabile.

L'ora dell'onestà

L'ora dell'onestà consiste nel programmare almeno due volte al mese un'ora in cui i partner intraprendono una conversazione.

Ogni partner ha un'ora per esprimere i propri sentimenti senza sentirsi giudicato. L'argomento può essere qualsiasi cosa, come parlare delle cose che vi mancano, delle cose che amate di loro, che vorreste migliorare o che odiate. Durante l'ora, chi ascolta deve promettere di ascoltare e non serbare rancore o risentimento. Quando l'altra persona ne avrà la possibilità, dovrà aspettarsi lo stesso dal suo partner.

Una volta che entrambi i partner hanno espresso le loro preoccupazioni, problemi o mancanze, possono discuterne in modo più dettagliato e cercare di risolvere le questioni che possono essere risolte.

Usa le cinque vie dell'amore

Abbiamo tutti modi diversi di sentirci amati. Ad alcuni di noi piace essere apprezzati verbalmente, mentre ad altri interessano cose più tangibili. Fortunatamente, questo gioco è ideale per ognuna di queste persone, poiché permette alle coppie di scegliere tre tra cinque modi diversi di esprimere l'amore.

Ecco come si gioca.

Ognuno di voi deve scrivere cinque modi diversi in cui volete che il vostro partner vi mostri il suo amore. Questi potrebbero essere qualsiasi cosa come un massaggio alla schiena, parlare di sentimenti, leggere un libro insieme, fare un bagno, fare una lunga passeggiata insieme, passare 30 minuti facendo qualcosa che piace al vostro partner, dargli un regalo, lodarlo, ecc.

Qualunque opzione un partner scelga tra le cinque che gli hai offerto, ti dirà molto su di lui. Per esempio, se tra le cose di cui sopra hanno scelto di farsi fare un massaggio alla schiena, leggere un libro insieme e fare una lunga passeggiata insieme, questo dimostra che apprezzano di più la connessione fisica. D'altra parte, se hanno scelto di lodarti e di parlare di sentimenti, desiderano una connessione emotiva e una dimostrazione d'amore. Quando capirai il bisogno del tuo partner diventerà più facile organizzare le cose per loro.

Una lista DIVERTENTE

In questo gioco, ogni partner deve scrivere dieci cose su un pezzo di carta che vorrebbe fare con l'altro coniuge. Possono essere le cose a cui sono interessati o le cose che vogliono provare. L'idea è quella di aggiungere un po' di valore al tempo che passate l'uno con l'altro e trarne il massimo. Non solo saprete molto del vostro partner, ma renderà anche la relazione più eccitante. Ognuno di voi avrà un giorno del fine settimana per fare una delle cose della lista. Naturalmente, potete optare per più di una, ma l'obiettivo dovrebbe essere quello di godervi il vostro tempo al massimo.

Pensatela come una lista di cose da fare insieme. Potete farne una per ogni mese o, se siete molto entusiasti, farne due! In questo modo, sarete sempre impazienti di arrivare alla fine della settimana e fare qualcosa di eccitante insieme.

Mi sento...

Come suggerisce il nome, il gioco "Mi sento..." è un'altra attività divertente e rincuorante per le coppie che si vogliono divertire insieme. Permette alle coppie di esprimersi senza essere giudicati o criticati. Quando usiamo più spesso le affermazioni "io", diventiamo più bravi nell'espressione e nella formazione dei nostri pensieri. Quando lo esprimiamo apertamente con i nostri partner e loro ascoltano, si migliora il canale di comunicazione.

Durante la settimana, fai una lista di tutte le cose che il tuo partner ha fatto e che ti hanno ferito. Potrebbe essere l'alzare il tono, il non rispondervi quando arrivate tardi, il rifiutare di venire con voi a una festa di cui gli avete parlato settimane fa, e altre cose del genere. Scrivile in modo da poterle ricordare facilmente quando vi siederete per discuterne. Chiedi al tuo partner di fare lo stesso in modo che non si senta accusato.

Prendetevi un po' di tempo ogni fine settimana e discutete tutte questi punti della lista. Ricordate, c'è solo una regola del gioco ed è quella di non giudicare. Siate cortesi nell'ascoltare ciò che l'altra persona ha da dire senza offendervi. Poi cercate di discutere ogni situazione e se è successo a causa di qualche altro motivo. Per esempio, la ragione per cui hai dimenticato di rispondere al messaggio è che è successo qualcosa di estremamente urgente e non hai avuto tempo di guardare il tuo telefono. Più si sa e meglio è.

Ciò che questo farà è togliere quei sentimenti di dolore e aiutare la coppia a capirsi meglio.

CAPITOLO - 5
COSTRUIRE UNA CONNESSIONE PIÙ PROFONDA

Ora che abbiamo discusso in dettaglio quanto sia cruciale la comunicazione e cosa succede quando non ce n'è abbastanza, il prossimo passo è scoprire come possiamo approfondire la nostra comunicazione e conoscere meglio i nostri partner e le loro rispettive esigenze.

Pertanto, questo capitolo è dedicato esclusivamente ad approfondire le conversazioni con alcuni argomenti significativi che aiutano anche a costruire l'intimità tra la coppia. Ma prima di fare questo, è anche importante discutere con quali conversazioni dovreste iniziare per capire quei bisogni primari. In seguito, quando pensiamo di conoscerli abbastanza, possiamo lavorare per migliorare o potenziare il livello di intimità.

LE 5 CONVERSAZIONI CHE DOVRESTI AVERE CON IL TUO PARTNER

Se si va a chiedere alle persone cosa significa per loro il termine "sottomesso", ci si imbatte in una serie di risposte che possono iniziare un dibattito. Tuttavia, la definizione più comune che viene in mente, grazie anche al film 50 sfumature di grigio, è che il sottomesso è qualcuno che permette a qualcun'altro di fare tutte le cose che vuole che faccia.

Non era così anche nel film? Tenendo Christian Grey da parte nei nostri pensieri per un minuto, e se respingessimo questo stigma associato alla parola e pensassimo a qualcosa di più positivo e più convincente?

Cambiare la definizione di volontà, può aiutare le coppie a sviluppare relazioni più forti, significative e sane. Uno dei motivi principali per cui i partner evitano i conflitti è perché hanno paura di subire un torto. Questa paura ci fa perdere la capacità di essere d'accordo, e siamo in modalità difensiva la maggior parte del tempo. E se vi dicessimo che questa paura è ciò che vi impedisce di raggiungere il vostro "per sempre felici e contenti"?

Se, per una volta, lasciassimo fluire la comunicazione, potremmo essere in grado di vedere la bellezza e la magia di come può trasformare la nostra vita e migliorare drasticamente le nostre relazioni.

Ecco alcune delle conversazioni che dovreste avere con il vostro partner.

Non posso leggere la tua mente, quindi cosa dovrei fare?

Molti partner dicono di amare i loro coniugi, ma un attimo dopo litigano con loro per cose come quello che hanno fatto. Per evitare i conflitti e capire meglio il vostro partner, dovete conoscere i suoi bisogni. Il vostro partner ha bisogno di sapere che voi non siete Edward Cullen di Twilight che era capace di leggere la mente.

Al contrario, se vi aspettate qualcosa da loro, diteglielo!

La maggior parte delle volte, la ragione per cui ci arrabbiamo con i nostri partner è che pensiamo che dovrebbero sapere cosa vogliamo e non dovremmo ricordarglielo di tanto in tanto. Inoltre, tendiamo a generalizzare le cose e presumiamo che i nostri partner capiscano l'antifona. Non funziona così. Se volete aiuto per qualcosa, chiedetelo direttamente. Per esempio, immaginate di dire al vostro partner che avete avuto una giornata di lavoro e tornate a casa in disordine e senza un pasto preparato. Vi incazzereste perché vi aspettavate che facessero queste cose da soli. Quello che loro sanno è che voi lo fate insieme. Tu stesso ti prepari alla delusione.

Mostrami come amarti

Se conoscete il bestseller I cinque linguaggi dell'amore di Gary Chapman, capirete che i partner mostrano e si aspettano amore in forme diverse. Alcuni preferiscono le conversazioni profonde al sesso. L'idea è di usare quello che funziona meglio per il vostro partner e mostrare loro che vi preoccupate per loro. Questo funziona perché molti di noi si sentono non amati o ignorati in una relazione solo perché il nostro partner non riesce a mostrarci amore nel modo che capiamo o ci aspettiamo. Allo stesso modo, chiedere al vostro partner come vorrebbe essere amato permette di scoprire le tecniche che funzionano meglio.

Dimmi come toccarti per migliorare la nostra intimità

I partner sono sempre motivati a soddisfare i bisogni sessuali dell'altro. Entrambi amano il dominio e vogliono dimostrare che sono i migliori. Come possono dimostrarlo? Dandoti un tempo intimo memorabile. Quando ci eccitiamo a dare al nostro partner un buon tempo, questo mostra loro che i loro bisogni sono ascoltati e riconosciuti. Diventa un modo di comunicare all'altro quanto sono adorati e ammirati. Tuttavia, non tutti hanno la stessa definizione di intimità e alcuni pensano oltre la traduzione letterale di essa. Questo è esattamente quello che dovete chiedere al vostro partner. Si sentono più toccati ed eccitati quando fate cose diverse dal sesso con loro? Hanno un bisogno specifico che li porta allo sballo? Per esempio, alcuni partner amano il gioco di ruolo. Il tuo uomo potrebbe essere interessato a parlare sporco o ai preliminari. Potrebbero anche avere delle aree sensibili che vorrebbero essere accarezzate. Chiediglielo in modo che entrambi possiate avere del tempo ancora più piacevole insieme.

Voglio che tu mi dica come farti sentire meglio

Molte volte, cominciamo a dare per scontato le cose nella relazione, pensando di conoscere bene i nostri partner. Anche se non c'è niente di male nel conoscere qualcuno così profondamente, può, a momenti, essere anche fuorviante. Per esempio, potreste pensare che la ragione per cui il vostro partner è di cattivo umore è che avete fatto qualcosa per farli incazzare. Ma cosa succede se non è il caso e loro sono sconvolti su qualcosa di completamente diverso?

Con questo presupposto ci mettiamo un po' sulla difensiva e ci agitiamo quando il loro umore rimane lo stesso intontito. Purtroppo, noi umani abbiamo paura di mostrare le emozioni. Le teniamo nascoste al mondo, in particolare quelle intime.

Saltare alle conclusioni da soli o esprimere un'emozione simile non aiuta nessuno. Gratitudine, empatia e compassione, invece, sì. Chiedete loro se c'è qualcosa che potete fare per farli sentire meglio. Chiedi loro come puoi aiutarli a far sparire il dolore o la rabbia. Chiedi loro se preferiscono parlarne o se preferiscono avere un po' di spazio invece di fare supposizioni e le accuse.

Dimmi cosa vuoi fare a letto

Una delle molte ragioni dell'infedeltà nei matrimoni è che i partner hanno paura di esprimere ciò che vogliono fare con i loro partner sessualmente. Tutti abbiamo delle fantasie che vogliamo realizzare. Pensiamo che parlarne troppo con il nostro partner potrebbe renderci un pervertito ai suoi occhi e potrebbe supporre che non è felice nella relazione. Alcuni partner potrebbero anche trovare le cose disgustose o sbagliate se hanno convinzioni diverse. La paura di essere giudicati, rifiutati o criticati è ciò che rende tutto ancora più difficile.

Se pensi che il tuo partner non sia eccitato dal sesso come te e raramente inizia, chiedigli come migliorarlo. Sii aperto alla conversazione e non rifiutare subito le loro idee. Chissà se i suggerimenti che hanno saranno abbastanza eccitanti anche per voi?!

Quali conversazioni aiutano a migliorare l'intimità con il partner?

La mancanza di amore e affetto, in qualsiasi forma, rende sempre tutto meno prezioso. Anche se si tratta di qualcosa di semplice come cucinare una torta, se non è fatto con tutto il cuore, i risultati non saranno i migliori. L'amore è l'essenza di tutto. Ce n'è un po' in ogni cosa che facciamo e il matrimonio non è diverso. Ma come ogni altra cosa richiede un duro lavoro. L'intimità è un aspetto di qualsiasi relazione che permette ai partner di essere connessi ai massimi livelli. Quando diventano intimi, la loro mente, il loro corpo e la loro anima si connettono ad un altro livello.

Costruire l'intimità in una relazione è essenziale. È ciò che tiene insieme la coppia. Crea momenti di passione e mantiene viva l'attrazione. È anche salutare perché rilascia dopamina e ossitocina tramite il cervello che ci fa sentire amati e ammirati. Tuttavia, molte coppie non si rendono conto se non all'ultimo che quello che hanno è solo una connessione fisica casuale. Non ci sono sentimenti coinvolti.

Quindi come potete costruire/portare più intimità nella vostra relazione? Sarete sorpresi che tutto quello che dovete fare è parlare. Alcune conversazioni e azioni aiutano i partner a rimanere vicini. Dall'apprezzarsi l'un l'altro per le piccole cose al chiedere loro della loro infanzia, molte conversazioni possono avvicinare la coppia e migliorare la loro intimità e connessione. Confuso?

Gioca con le fantasie

Il modo migliore per costruire l'intimità è far sapere all'altro come e dove toccare. Chiedete loro quali sono le loro fantasie e cercate di metterle in pratica per allontanarvi dal noioso e casuale rapporto sessuale. Chiedete loro solo se sono disposti ad ascoltare e ad agire di conseguenza. Per esempio, se a uno dei due partner piace la dominazione durante l'atto o dire "mi piace violento", dovreste essere disposti a permettergli di sperimentarlo liberamente con voi. Entrambi dovreste essere aperti alle idee dell'altra persona senza sentirvi imbarazzati o meno apprezzati. Più entrambi i partner sono interessati a mettere in pratica le loro fantasie, più cercheranno occasioni per diventare intimi.

Tenete a mente che questo è solo per migliorare l'intimità fisica. Se il termine intimità è più ampio di quello che accade all'interno della stanza e comprende elementi come una conversazione più profonda, notti di appuntamento, coccole o viaggi insieme, allora qui di seguito ci sono alcuni suggerimenti per migliorarla.

Mostra gratitudine

Uno dei modi migliori per costruire l'intimità con il tuo partner è esprimere gratitudine per tutto quello che fa per te. Anche gli impiegati se ne vanno quando non si sentono apprezzati o riconosciuti. Neanche tu puoi aspettarti che il tuo partner rimanga a lungo. Tutti noi bramiamo l'apprezzamento. Anche se non hai niente di evidente per cui essere grato, ringraziali per essere lì e per averti aiutato con il lavoro. Ringraziali per la loro presenza, per le loro parole di sostegno, la loro capacità di ascoltare e molto altro. Prendete l'abitudine di mostrare gratitudine verso il vostro partner in modo che si senta più apprezzato e accettato.

Essere di supporto

Per quanto sia importante l'apprezzamento in qualsiasi relazione, lo è anche il sostegno. Se il vostro partner sta attraversando un momento difficile, come una condizione di salute, un lutto, un trauma mentale o un'instabilità emotiva, è vostro compito come partner sostenerlo sia emotivamente che fisicamente. Non è sempre necessario usare le parole, basta sedersi al loro fianco e fargli sapere con le azioni che sei lì per loro. A volte ci sentiamo tutti deboli, come se dovessimo crollare da un momento all'altro. Avere la consapevolezza che qualcuno è lì per sorreggerci e aiutarci ad alzarci nel caso in cui cadiamo è una ragione sufficiente per avvicinarsi.

Se non sai come sostenerli nel momento del bisogno, cerca un aiuto. Chiedete loro cosa vogliono che facciate. Chiedete loro come potete farli sentire meglio. Dite loro che anche se non siete in grado di rimuovere magicamente tutto il loro dolore, state comunque cercando di diminuirlo.

Parlare di esperienze di vita

Molte persone pensano che ciò che è nel passato debba rimanere lì, ma non è vero. Se avete un passato che continua a ferirvi in qualche modo o che si ripresenta di tanto in tanto, fatelo sapere al vostro partner. Alcune persone vivono con questioni irrisolte della loro infanzia che non hanno ancora superato. Questi problemi possono ostacolare la relazione con il vostro coniuge e impedire che diventi più intima.

Per esempio, se il vostro partner è stato testimone di abusi fisici in prima persona o non ha superato il trauma di una relazione precedente, potrebbe temere di essere troppo intimo con voi. Come si può raggiungere un maggiore livello di intimità in questo scenario? Esprimere come vi siete sentiti quando è successo e come pensate di superarlo è una conversazione che dovete avere con il vostro attuale partner in modo che possa essere d'aiuto e di sostegno.

Conversazioni sull'auto-miglioramento

Parlare di migliorare se stessi in diverse aree della vostra vita può anche aiutarvi a riconnettervi. Per esempio, se sapete che il vostro partner detesta alcune vostre abitudini come mangiare in modo malsano o fumare o bere troppo, discutere di come vorreste cambiarle per essere un partner migliore per loro può farvi guadagnare qualche punto.

Tutti abbiamo dei difetti in un modo o nell'altro. I nostri partner convivono con alcune delle vostre abitudini più fastidiose senza lamentarsi, ma le stesse abitudini possono a volte diventare la ragione della distanza. Quindi, parlate con loro delle cose che vorreste cambiare di voi stessi in modo che possiate avvicinarvi di più. Una volta che avete iniziato, anche il vostro partner contribuirà e cercherà di rinunciare alle cose che vi danno fastidio.

Non tutti si sentono a proprio agio nell'essere vulnerabili di fronte a qualcuno. Ci vuole coraggio per permettere di vedere da vicino chi sei. Per fortuna, è anche il modo più veloce per costruire intimità.

Ogni partner desidera essere la parte più importante della tua vita. Vogliono sapere tutto di te, dei tuoi sogni, aspirazioni, obiettivi futuri, traumi dell'infanzia e altro. Aprirsi l'un l'altro arricchisce la vicinanza. Se hai qualcuno abbastanza coraggioso da permetterti di condividere la parte della tua vita più oscura e contorta e anche essere lì per sostenerti nei momenti in cui ti senti vulnerabile, non hai bisogno di nient'altro. Se ti vogliono ancora come prima che tu gli dicessi tutte le cose che temevi di condividere con qualcuno, allora hai già la connessione più forte con loro.

Digli perché li ami

Nessuno si stanca mai di sentire che qualcuno lo ama profondamente. Queste dolci parole si sciolgono nelle nostre orecchie come il burro in una padella riscaldata. Continua a dire spesso al tuo partner perché lo ami e chiedigli lo stesso. All'inizio vi sembrerà di cercare solo dei complimenti, ma il vantaggio più grande sarà il miglioramento dell'intimità. Quando i partner esprimono apertamente i loro sentimenti e non evitano di dire che amano del loro coniuge, tutto sembra più dolce.

Tuttavia, nota che non devi solo dire loro che li ami, devi concentrarti sul "perché". Perché ti senti ancora attratto da loro o non puoi tenere le mani lontane da loro è quello che hanno bisogno di sapere.

CAPITOLO - 6

INTRODURRE NUOVE ROUTINES

Il matrimonio può sembrare difficile, ma vale la pena il duro lavoro. Mettere amore, tempo e impegno nel vostro matrimonio è la ricetta per una partnership felice, forte e duratura. Le abitudini che avete e come scegliete di esprimere il vostro amore e le vostre emozioni possono avere un impatto significativo sul vostro matrimonio. Decide che tipo di matrimonio avrete. Quando si parla di abitudini, principalmente ci si riferisce ad abitudini come dire "ti amo" al proprio partner, sostenerlo nei momenti di bisogno, ascoltarlo, prestargli attenzione, dargli tempo, ecc.

Quello che non riusciamo a capire è che ci sono anche vari altri modi per mantenere forte il rapporto.

In questo capitolo, vedremo quali routine quotidiane trasmettono lo stesso messaggio di "ti amo" al tuo partner con ancora più amore e efficacia. Vedremo anche come le coppie possono rafforzare la loro relazione con alcune attività divertenti alla fine del capitolo per mantenere le cose sempre interessanti.

TI HO DETTO CHE TI AMO?

Il motivo per cui alcuni matrimoni hanno successo e altri no dipende da vari fattori. A volte, un partner non prova più interesse per l'altro o semplicemente non si ama più. Altre volte, la mancanza di comunicazione da entrambe le parti fa sì che ci si senta lasciati fuori e non riconosciuti.

Ciò che aiuta a rendere un matrimonio di successo sono sane abitudini che mantengono entrambi i partner attratti l'uno verso l'altro per tutto il tempo! Ogni matrimonio ha sfide e discussioni, ma il modo in cui vengono affrontate è la chiave del successo o del fallimento. Immaginate che un partner abbia un disturbo ossessivo-compulsivo e che all'altro non importi nulla del disordine. Vivere insieme può essere un incubo per loro, con litigi che aspettano solo di iniziare. Le abitudini possono creare uno spacco nella coppia.

Quindi, non sono sempre i grandi gesti a fare la differenza. Sono le piccole cose che fate ogni giorno che vi fanno vivere tranquilli. Le piccole cose come portare la colazione a letto al vostro partner, stirare i suoi vestiti, preparare un pasto, o semplicemente abbracciarlo e baciarlo prima di andare al lavoro, possono fare tutta la differenza del mondo.

Queste piccole cose servono come promemoria per il tuo partner che continueranno a pensare a te tutto il giorno e alla bella relazione che avete, dice Lesli Doares, autore di Blueprint for a Lasting Marriage, pubblicato nel 2011.

Abitudini e routine quotidiane che dicono "Ti amo"

Diventa intimo

Nessun altro mezzo di comunicazione è così potente e confortante come fare sesso. Rilascia gli ormoni del benessere in entrambi e vi permette di connettervi ad un livello completamente nuovo. Tuttavia, quando puntate all'intimità, non puntate solo alla quantità. Non ha senso farlo tre volte al giorno se non c'è eccitazione o brivido. Puntate sempre alla qualità. Quanto sia fantastico è più importante di quante volte lo fate.

Avere dei rituali

Alcune coppie non escono mai di casa senza baciarsi e altre non si preoccupano di salutarsi. Secondo voi, quale delle due è la più duratura? Create un rituale. Questi sono gli ultimi momenti per voi due per connettervi prima che entrambi partiate per il lavoro. Dovete farli valere!

Dare importanza ai minuti prima che uno di voi esca per il lavoro ogni mattina, crea una situazione positiva e mantiene l'umore alto. Non importa quanto sia duro il lavoro, hai ancora quel bel ricordo a cui pensare e sai che qualcosa di simile ti aspetterà quando tornerai a casa.

Abbraccio e bacio

Beh, questo è un dato di fatto, ma anche la scienza ha dimostrato quanto possa essere efficace. Baciare il proprio partner ogni giorno per 30 secondi di fila o abbracciarli per esattamente 2 minuti rilascia ossitocina - una sostanza chimica rilasciata anche durante il sesso e quando si viene toccati con empatia e amore. Crea un legame emotivo, dice Kim Blackham, una famosa terapista familiare e matrimoniale. Lei crede che nel tempo frenetico di oggi, i nostri baci e abbracci sono diventati meccanici. Li facciamo senza sentire nulla. Quei piccoli bacini e pacche sulle spalle non hanno alcun significato. Non preoccupatevi della tempistica e cercate di mettere amore in ogni secondo.

Fare una passeggiata insieme

Camminare nella stessa direzione fa sentire le coppie come una squadra. L'atto stesso vi fa uscire di casa e andare in un posto carino intorno all'isolato. Camminare insieme fa anche sentire i partner mentalmente sincronizzati, perché le loro destinazioni sono le stesse.

Tenersi in contatto tramite i messaggi

In questo mondo di chiamate e messaggi, si può e si deve sempre trovare un po' di tempo per mettersi in contatto con il proprio partner e fargli sapere che lo state pensando. Niente porterà un sorriso più genuino di questo sul loro volto. E ora con l'uso delle emoticon, non c'è nemmeno bisogno di digitare un lungo messaggio.

Tutti amiamo questo tipo di piccoli aneddoti perché ci fanno sentire apprezzati e amati. Dice anche al tuo partner che è una priorità nella tua vita nonostante tutto il lavoro che rimane accumulato.

Ditevi cose carine l'un l'altro

Come i testi, anche i complimenti hanno un enorme impatto nel rallegrare la giornata altrimenti mediocre del tuo partner. Fategli sapere che stanno bene con quel colore o che la cravatta è perfetta con quella camicia. Signori, ditele che la tonalità del suo rossetto vi fa venire voglia di portarle a letto, e ogni volta che lo riapplicheranno durante il giorno, penseranno a voi e saranno in attesa di un po' di sesso bollente sotto le lenzuola quando tornerete a casa.

Apprezzare le azioni dolci

Molte volte i partner fanno disinteressatamente delle cose l'uno per l'altro. Potrebbero svegliarsi un'ora prima solo per prepararti la colazione prima di andare in ufficio, riempire la tua macchina di benzina quando la trovano vicino alla riserva, fare la spesa e comprare anche il tuo cioccolatino preferito, anche se hai dimenticato di menzionarlo...

Questi atti possono essere piccoli, ma mostrano che c'è qualcuno che vuole che tu abbia le cose migliori della vita. Non pensi che meritino un po' di apprezzamento in cambio?

Ogni volta che notate che il vostro partner ha fatto qualcosa per voi senza che voi glielo abbiate chiesto, apprezzatelo. Non solo rafforzerà il comportamento positivo, ma mostrerà loro che lo notate e lo apprezzate. Le coppie che vivono insieme da molto tempo spesso trascurano queste piccole azioni che possono portare al risentimento. Apprezzate quando richiesto e lasciate che sentano un po' di orgoglio.

Condividere un pasto

Anche se avete orari diversi, risparmiate un po' di tempo per fare un pasto insieme piacevole e tranquillo almeno una volta al giorno. Mangiare di per sé è una cosa piacevole e con un partner è ancora meglio. Se avete il tempo, indossate i vostri grembiuli e cucinate qualcosa insieme da zero. Preparare i pasti insieme vi permette di lavorare come una squadra dato che l'obiettivo finale è lo stesso. Quando siamo motivati dallo stesso obiettivo, tendiamo a dare il meglio di noi e a fare anche solo la metà del lavoro. Una vittoria per tutti, no?

Dormire insieme

Beh, questo sembra ovvio ed eccitante, ma alcune coppie vanno a letto ad orari diversi. D'altra parte, si può potreste dormire nel momento in cui la testa tocca il cuscino e il vostro partner potrebbe essere un animale notturno che si addormenta molto più tardi.

Tuttavia, se riuscite a regolare le vostre routine in modo che entrambi dormiate alla stessa ora o almeno andiate a letto insieme, si aumentano le possibilità di entrare in intimità, il che è molto importante come detto prima. Chi lo sa, solo un bacio può trasformarsi in un bacio appassionato e poi... Vedi, questo è un pensiero eccitante, vero? Bene, l'unico modo per renderlo possibile è che voi due siate a letto contemporaneamente. Se il sesso non è il piano, potete sempre avere delle ottime conversazioni prima di dormire.

Ricordare il passato

Parlate del tempo in cui avete iniziato a frequentarvi. Quelli sono sicuramente dei ricordi che tieni stretti al cuore. L'amore era nuovo, i sentimenti erano tutti così forti e la voglia di incontrarsi era tanta. Il discorso dovrebbe essere limitato solo agli aspetti positivi della vostra relazione e non in modo discordante. Per esempio, non parlate di come vi portavano dei fiori ogni volta che uscivate e non lo fanno più. Invece parlate delle volte in cui hanno pianificato un viaggio spontaneo per voi il giorno del vostro compleanno e quanto li amate ancora per questo. Non solo questo servirà da richiamo per l'ego, ma darà loro anche il sottile indizio che vuoi che qualcosa di simile sia pianificato di nuovo.

Lasciarsi la tecnologia alle spalle

Il vostro tempo da soli non dovrebbe essere interrotto da bip e ronzii. Quando siete insieme, date alla vostra tecnologia una piccola pausa. Fate una conversazione, condividete i punti salienti della vostra giornata e chiedete a loro della loro.

Non ha senso stare seduti insieme quando si è costantemente disturbati dagli altri. Entrambi meritate l'attenzione reciproca e può essere molto irrispettoso se il vostro partner sente che il vostro telefono è più importante di lui.

TRE ATTIVITÀ DIVERTENTI PER LE COPPIE CHE AIUTANO A RIMANERE PIÙ FORTI CHE MAI

Chi dice che una coppia rodata non può avere delle serate divertenti insieme? Mantenere il pepe nella vostra relazione richiede che facciate cose solo per divertirvi. E quale modo migliore per divertirsi se non con alcune attività divertenti con il tuo partner che manterranno i tuoi #relationshipgoals degni di un post sui social media.

Siete interessati? Cominciamo!

Cinque cose!

Questo è il più semplice di tutti e non richiede altro che voi due completamente attenti l'uno all'altro. L'unica abilità che dovete avere per giocare a questo gioco è la vostra immaginazione. Ecco come si gioca.

Ogni volta che hai intenzione di fare questo gioco, chiedi al tuo partner di elencare cinque cose vere su di te. Ci sono innumerevoli domande che puoi fare e il partner deve trovare cinque risposte spontaneamente. L'unica regola è che non possono pensarci troppo a lungo. Devono rispondere velocemente.

Il tema o la domanda possono essere cambiati ogni volta a seconda di ciò che si vuole veramente chiedere loro.

Per esempio, puoi anche fare domande come il nome di cinque superpoteri che avresti voluto avere o quali sono le cinque cose che ti mancano di più della tua infanzia.

Puoi anche chiedere loro le ragioni per cui si sentono così pigri nel fare le faccende di casa. Avete capito bene, no? Più creative sono le vostre domande, più creative saranno le loro risposte. L'esercizio può essere estremamente divertente e coinvolgente. Il più grande vantaggio è che vi permetterà di rilassarvi dopo una faticosa giornata di lavoro, di scoprire qualcosa di nuovo su voi stessi e di farvi una risata.

Alto e basso

Questo non è un gioco ma piuttosto un esercizio o una pratica che la coppia dovrebbe fare ogni tanto. Promuove la comunicazione verbale tra la coppia e permette loro di esprimersi liberamente e di ascoltare ciò che il partner ha da dire.

Si richiede un ambiente tranquillo e senza fonti di interruzione e preferibilmente dovrebbe essere fatto nell'ultima parte della notte quando entrambi andate a letto. Chiedetevi l'un l'altro quali sono state le cose migliori e peggiori che sono successe quel giorno. La parte migliore sarà la parte più alta della giornata, mentre quella più deludente sarà considerata la parte più bassa della giornata.

Il partner che sta ascoltando può rallegrarsi della cosa migliore che gli è successa quel giorno e mostrare empatia verso la cosa che non è andata come previsto. Questo è un eccellente antipasto di conversazione, nonché una grande tecnica per attingere al cervello del vostro partner e togliere un po' di pressione, perché la condivisione aiuta sempre in questo.

Chiacchiere davanti al fuoco

Il termine "fireplace chat" è stato coniato ai tempi del presidente Franklin D. Roosevelt quando usava una trasmissione radio durante la sua presidenza per parlare alla nazione. La gente supponeva che lo facesse seduto tranquillamente su una comoda sedia vicino al camino. Lo stesso tema si applica alla coppia che dovrebbero immaginare di essere seduti accanto a un accogliente caminetto a discutere.

L'idea è quella di comunicare ed esprimere i propri sentimenti in modo pacato, maturo e rispettoso, senza parolacce o appellativi. Pensatelo come una discussione, ma dove entrambe le parti hanno la possibilità di esporre i loro casi in modo rilassato e in un ambiente calmo. Potete entrambi decidere di cosa parlare e ogni partner dovrebbe avere dai 10 ai 15 minuti per discutere come si sente sull'argomento.

Per lasciarvi con un esempio, potete entrambi provare a discutere un precedente litigio che non si è mai concluso, ma con calma. L'obiettivo generale è quello di far uscire i vostri sentimenti senza sentirvi spaventati o ignorati.

I pro di questo gioco includono l'ottenere una visione più profonda dei comportamenti dell'altro e capire da dove vengono. Aiuta anche i partner a connettersi a un livello più profondo e a discutere i problemi persistenti tra di loro senza cercare di ferirsi a vicenda.

CAPITOLO - 7

ESPRIMERE AFFETTO E APPREZZAMENTO

In qualsiasi relazione, l'espressione dei sentimenti e delle emozioni attraverso la comunicazione verbale e non verbale è un requisito fondamentale. Questo è ugualmente importante per i partner che iniziano a uscire insieme, per gli sposi novelli e per le coppie che sono sposate da più di un decennio.
Esprimere come ci sentiamo è sempre una buona mossa perché dice ai nostri partner che sono apprezzati.

Tutti abbiamo modi diversi di mostrare amore. Alcuni partner non si tirano indietro con una dimostrazione pubblica di affetto, mentre alcuni sono così riservati che si potrebbe iniziare a pensare se ci amano o no. In questo capitolo, parleremo dei diversi modi in cui i nostri partner mostrano amore e impareremo anche come noi, come loro altra metà, facciamo la nostra parte con l'apprezzamento.

Ma prima ecco la domanda più importante: come fai a sapere che il tuo partner ti ama? Hanno un modo speciale per dirtelo? Lo gridano dal balcone o te lo sussurrano nelle orecchie ogni notte? Se non fanno nulla di tutto ciò, potrebbero usare i fatti invece che le parole.

Ecco alcuni segni che dicono che ti amano indipendentemente da quante volte te lo dicono o non te lo dicono verbalmente.

Come sapere che il tuo partner ti ama?

- Provano cose nuove con voi. Anche quando sono noiose come visitare una galleria d'arte e fissare un quadro per ore o andare a vedere una partita di calcio con voi nel loro giorno libero quando non sanno nemmeno quali squadre stanno giocando.
- Un partner che si preoccupa profondamente per te e vuole imparare di più sulla tua personalità cercherà di partecipare alle tue attività extracurricolari. Essere coinvolti in un hobby e fare cose insieme, che si tratti di corsi di cucina o di equitazione, rafforza i legami tra voi due e apre le vostre qualità nascoste.
- Sono protettivi nei vostri confronti. Ma non del tipo in cui continuano a mandarti messaggi e a chiamarti quando sei un po' in ritardo nel tornare a casa o si sentono gelosi dei tuoi amici. Hanno solo paura quando non ti presenti in orario e si preoccupano per te. Inoltre, si assicurano di prenderti e portarti da e verso casa in modo che tu non debba preoccuparti di andare a piedi o prendere un taxi.
- Sono affettuosi. Non riservano le loro emozioni solo per quando siete intimi. Capiscono che l'intimità fisica non è l'unica cosa che avete. Sono anche disposti a fare le coccole e guardarsi negli occhi per tutto il tempo necessario.

Quando sono in pubblico, non si sentono in imbarazzo a farsi vedere con voi. Sono i primi a tenervi per mano o a continuare a toccarvi in un modo o nell'altro solo per farvi sapere che sono lì.

Sono sempre rispettosi. Non solo in generale, ma rispettano anche i vostri punti di vista su diverse cose, apprezzano i vostri consigli e le vostre decisioni, sono attenti al linguaggio che usano con voi o con i bambini. Tutti questi sono segni che vi amano molto.

Si comportano da gentiluomini. Anche se è passato più di un decennio da quando vi siete sposati, ti trattano ancora come il re/la regina. Ti aprono la portiera della macchina, ti tirano fuori la sedia, portano i bambini a scuola nei giorni in cui ti senti stanco, ti fanno la colazione a letto, scaricano la spesa per te e altro ancora...

Ti amano per quello che sei. Non cercano di cambiare le cose di te. Accettano semplicemente il modo in cui sei. Anche nel tuo giorno peggiore, non sono quelli che escono dalla porta. Ti fanno anche sentire bene con te stesso. Non evitano mai di darti la conferma che sei la versione migliore di te stesso.

Sono disposti a combattere per voi. È anche un segno del loro amore eterno il fatto che si assicurano che tu gli copra sempre le spalle. Ti senti al sicuro quando sei con loro. Sai che se le cose vanno male, loro saranno lì per te, pronti a difenderti o a combattere per te. Se necessario, saranno disposti a mettere a rischio la loro vita solo per garantire ti senta al sicuro.

- Dicono di essere orgogliosi di te. Anche quando i tuoi risultati non sono grandi o significativi, ti dicono comunque che sono orgogliosi di te. Continuano a ricordarti che hai fatto molta strada e sei migliorato sia come persona che come partner. Fondamentalmente, qualsiasi cosa tu faccia gli sembra incredibile.

Come esprimere il tuo amore in modo più potente

Alcune persone stanno bene senza elogi e promemoria d'amore. Raramente sono i primi a iniziare conversazioni amorose, non mandano sms a metà giornata per dire che gli manchi, o ti salutano con un abbraccio e un bacio sulla porta quando torni a casa. E poi, alcuni non ne hanno mai abbastanza. Hanno costantemente bisogno di essere rassicurati che il loro partner li ama. Si aspettano grandi gesti, sorprese, e il brivido nella relazione.

Qualunque sia il vostro caso, vi diciamo di dirlo. Infatti, gridatelo se dovete. Nessuno merita di non sentirsi amato dal proprio partner in maniera significativa. Ricordateglielo di tanto in tanto e non solo con le vostre parole ma anche con le vostre azioni. Qui sotto ci sono alcuni ottimi modi per esprimere i tuoi sentimenti usando gesti verbali e non verbali per rafforzare il legame con la tua amata!

- Fai cose carine per loro – Queste possono essere qualsiasi cosa grande o piccola come portare la loro auto dal meccanico o fare il bucato. Anche il più piccolo dei gesti va molto lontano e il tuo partner lo noterà sicuramente.

- Dedicatevi del tempo l'un l'altro - Come coppia, il vostro partner dovrebbe essere la vostra priorità più importante.

Assicuratevi che lo sappia! Mettete da parte un po' di tempo ogni giorno per sedervi con loro e fare due chiacchiere, anche per pochi minuti a cena o a bere qualcosa. Fagli sapere che ti piace averli intorno e che apprezzi la loro compagnia.

- Complimentati con loro - "Ehi, stai bene con i capelli sciolti" o "Sei così bello con quella felpa" sono esempi di complimenti che puoi fare per aumentare la fiducia in te stesso e il morale dell'altro.
- Aiuta in casa - Anche se lavare i piatti è compito del tuo partner, fallo per loro quando sembrano stanchi o "non in vena". A volte le faccende domestiche possono sembrare un peso per un partner. Offrite aiuto e cercate di aiutare il vostro coniuge nelle faccende domestiche.
- Organizza una serata spontanea - Le date non pianificate sono le migliori. Un minuto prima sei seduto a casa e il minuto dopo ricevi un messaggio dal tuo partner che ti dice di prepararti perché verrà a prenderti al lavoro e ti porterà in quel nuovo posto di lusso che ha appena aperto. E anche se non è un posto di lusso, una notte lontano dalla cucina e dai piatti è un piacere in sé.
- Una serata film - Ehi, chi dice che dovete uscire per un film? Potete sempre godervi un film nel comfort delle vostre case. Per mettere in scena l'amore e l'affetto, chiedete loro di sceglierne uno!
- Fai cose che gli piacciono - Lascia che pianifichino una gita o un'attività che gli piacerebbe fare. Provare cose nuove con il tuo partner è sempre divertente.

La parte migliore: Potrebbe piacere anche a te!

- Sospendi la tecnologia - Quando siete insieme, cercate di ridurre al minimo l'uso della tecnologia. Può essere estremamente fastidioso e irrispettoso quando si presta più attenzione al telefono che a loro durante il vostro tempo insieme.

- Baciali - Prendi l'abitudine di salutarli con un bacio mentre tornano a casa. Mette l'atmosfera giusta. Tornare a casa da un coniuge amorevole rallegra la giornata e più profondo e appassionato è il bacio, meglio è.

- Messaggi - Chi ha detto che i messaggi sono solo per i bambini. Sii giocoso e mantieni il tuo partner interessato con qualche sms seducente e sexy durante il giorno. Questo darà loro un'idea di cosa possono aspettarsi da voi quando tornano a casa e, credeteci, saranno lì prima del solito!

- Comprate qualcosa di carino - Se hanno parlato di un nuovo gioco o gadget, se ne avete i mezzi, compratelo per loro e fategli una sorpresa. Quando ti chiedono perché l'hai comprato, digli che ne avevi solo voglia.

- Anticipa i loro bisogni - Sii proattivo. Se vogliono che i loro vestiti siano stirati e appesi prima di uscire dal bagno, assicuratevi che sia fatto. Esci dal tuo modo di soddisfare i loro bisogni e fai in modo che non debbano chiederlo.

- Ascoltate attentamente - Ascoltate attentamente ogni parola che esce dalle loro bocche. Non si vuole perdere nessun dettaglio che possa essere importante. Come essere un ascoltatore efficace? Torna alla Parte 1 e guarda i consigli alla fine del capitolo.

- Guardatevi negli occhi - Il contatto visivo fa sapere all'altra persona che state ascoltando attentamente qualsiasi cosa stiate dicendo. Più attento pensa che tu sia, più si sentirà convalidato e ascoltato. Anche questo è un ottimo modo per esprimere il vostro amore.

- Abbracciatevi - Ogni volta che vi abbracciate, assicuratevi che non siano solo i vostri corpi a scontrarsi l'uno con l'altro, anche i vostri cuori dovrebbero farlo! Puntate a questo e prolungate l'abbraccio il più a lungo possibile. Farà meraviglie per la vostra relazione.

- Fan numero 1 - Sostienili nei loro viaggi come il loro più grande fan o compagno fedele. Devono sapere che hanno le persone migliori nella loro squadra che fanno il tifo per loro.

- Mostrare accettazione - Spesso diamo per scontato che l'amore sia tutto un dare e dare. Ma si tratta anche di accettare ciò che l'altra persona ha da dare. Potrebbero non portarti fiori ogni sera come il marito della tua amica, ma fare qualcosa di altrettanto speciale. Non trascurare la loro dimostrazione d'affetto e accetta con passione quello che ti stanno offrendo.

- Lascia delle note carine per loro - A chi non piacciono le sorprese, specialmente quando arrivano sotto forma di piccole note scritte a mano che trovi in tasca.

NON POTRÒ MAI RINGRAZIARTI ABBASTANZA

Apprezzare qualcuno implica dare credito a qualcuno per quello che ha fatto. Significa anche dargli valore e quando usiamo l'apprezzamento in termini di una relazione, dare valore è importante. Dice alla persona che viene apprezzata cosa significa per voi e dove si trova. Quando evitiamo l'apprezzamento in una relazione o non lo consideriamo cruciale, ne cambiamo la dinamica. Come i partner risponderanno ai bisogni dell'altro, come si daranno tempo a vicenda, come lavoreranno come una squadra per prendere decisioni comuni, ecc. Tutte queste cose cambiano. Quando uno dei due si sente svalutato in una relazione, alla fine perde interesse nell'intera idea di stare insieme e questo è il motivo per cui le discussioni iniziano a fermentare.

L'importanza dell'apprezzamento nelle relazioni

Non apprezzare qualcuno per le cose che fa non piace a nessuno. Nelle relazioni, quando uno dei coniugi si sente meno apprezzato può pensare di essere dato per scontato. Quando si comincia a pensare in questo modo, la fase successiva comporta un sentimento di risentimento, frustrazione ed evitamento. Si comincia a pensare se vale la pena lavorare così tanto per cercare di salvare la relazione o no.

Immaginiamo uno scenario.

Immaginate di portare i bambini a scuola ogni giorno. Per farlo, vi alzate prima del vostro compagno, preparate la colazione ai vostri figli, li vestite, uscite dalla porta e salite in macchina. Poi li lasciate al cancello prima che suoni l'ultima campanella, e questo per diversi anni. Sulla strada di casa, rimanete bloccati nel traffico e arrivate a casa 10 minuti più tardi del solito. Il tuo compagno apre la porta e inizia a urlarti contro per non averli svegliati prima. Ti incolpano di aver fatto tardi e ti chiamano pigro.

Prima di tutto, non hai mai apprezzato il fatto che fanno tutto questo ogni giorno, non importa quanto fossero stanchi ieri sera. In secondo luogo, avete appena rovinato la loro giornata con tutte le urla e li avete chiamati incompetenti e pigri. Immaginate di dover essere voi a portare i bambini a scuola, prepararli e servirgli la colazione? Vi sarebbe piaciuto l'atteggiamento del vostro partner?

Non vi sareste chiesti se la relazione vale la pena, dopo tutto?

Ciò che sembra così semplice solo perché lo trovi sempre fatto non significa che il lavoro sia inferiore a quello che fai tu. Se aveste dovuto farlo voi, vi sareste sentiti stanchi prima ancora di arrivare in ufficio. Quindi, ringraziate i vostri partner per mettere il cibo in tavola, pulire la casa, fare il bucato e badare ai bambini.

Come coppia, entrambi dovete fare la vostra parte. Potreste trovare stupido ringraziare vostra moglie per aver fatto i piatti o vostro marito per aver portato fuori la spazzatura, ma fatelo. Non apprezzarli per un lavoro così umile significa che pensate al vostro lavoro come più grande e più importante del loro e può essere molto avvilente. Questo è il punto in cui l'equilibrio nella relazione comincia a vacillare o ad andare fuori scala.

Ci sono anche altre ragioni per apprezzare il proprio partner. Per esempio:

- Li rende semplicemente felici. Sentono di aver compiuto qualcosa di grande e anche che voi notate tutto quello che fanno per voi.
- Questo rende più facile per loro apprezzare anche te. A volte, tutto ciò di cui qualcuno ha bisogno è un piccolo incoraggiamento o un'iniziazione e impara a ricambiare.
- Dimostra che sei davvero contento di averli nella tua vita e dice loro che sei sinceramente felice della loro presenza e di tutto quello che fanno.
- Dimostra anche che li rispettate veramente, il che non fa che amplificare il vostro rispetto ai loro occhi. Vedete che il riconoscimento funziona in entrambi i sensi. Per riconoscere e apprezzare il lavoro di qualcuno, devi essere attento e premuroso.
- Li fa sentire speciali, apprezzati e onorati.

IMPARARE AD APPREZZARE NON È DIFFICILE!

Mostrare gratitudine è molto simile a esprimere amore. Alcuni degli atti come passare del tempo con loro e riempirli di regali, complimenti e sorprese mostrano anche apprezzamento e amore. Mostrare gratitudine nutre il rapporto con il vostro partner. Crea un ambiente sano per entrambi per lavorare come una squadra e all'unisono per realizzare insieme gli obiettivi futuri. Quando apprezziamo qualcuno per qualcosa che ha fatto, gli stiamo sottilmente dicendo che ha fatto bene e lo facciamo sentire orgoglioso.

In questa sezione, che ne dici di imparare come mostrare gratitudine al tuo partner per tutto il bene che fa ogni giorno?

Prima di tutto, quando esprimete il vostro amore, siate creativi. Non dire solo un blando "grazie". Che ne dite di essere un po' creativi su come mostrare gratitudine? Che ne dite di usare frasi diverse o di lasciare piccole note e promemoria sui loro telefoni? Usate frasi come:

- Sono così grato che...
- Non potrò mai ringraziarti abbastanza per...
- Oh, che fortuna averti come partner...
- Che cosa ho mai fatto per meritare una persona buona come te...
- Nessuno lo fa meglio di te...

Apprezzate la loro intenzione di aiutarvi

A volte i partner si fanno in quattro per dimostrare che ci tengono. Porteranno fuori la spazzatura, calmeranno il bambino che piange, aiuteranno i bambini a fare il bagno, faranno i piatti, faranno la spesa o aiuteranno a preparare la cena senza chiedere. Non datelo per scontato o penseranno che non ha senso farlo. Apprezza il fatto che si siano preoccupati abbastanza da pensare di farlo senza chiedere. Inoltre, riconoscete che non l'hanno fatto solo per la lode ma perché ci tengono a voi.

Ringraziarli dando loro una pausa

Quando invecchiamo, l'unica cosa che desideriamo di più è la pace e la tranquillità. Desideriamo che tutto vada al suo posto da solo e non dover lavorare. Se il tuo coniuge desidera lo stesso, concedigli qualche ora di completa tranquillità per se stesso. Porta i bambini fuori di casa e lascialo stare... Chiedi loro di prendersi una pausa da tutti i loro doveri del giorno e di fare quello che vogliono.

Apprezzare il pensiero

Se il vostro coniuge si è occupato di alcune faccende ma non è riuscito a farle come avreste fatto voi, allora non giudicatelo in base ai risultati. Giudicateli sulla premura e gli sforzi. Non fategli credere che tutto il loro tempo e il loro sforzo sono stati sprecati. Sii riflessivo e superalo. Avvolte è il pensiero che conta e non il risultato.

Preparategli un pasto speciale o portateli fuori per un appuntamento

Se il vostro partner ama qualcosa che cucinate, ma lo cucinate raramente perché richiede molto tempo e sforzo, prendete l'abitudine di cucinarlo più spesso come segno di apprezzamento per loro. Non preoccupatevi del disordine, ma concentratevi su quanto si sentiranno felici. Se gli piace qualcosa che la madre ha fatto per loro quando erano bambini, prendi la ricetta e falla esattamente come quella. Non crederete allo stupore e alla gioia che apparirà sui loro volti. Per dare un tocco in più, accendete qualche candela, abbassate le luci, mettete della musica soft e vestitevi bene.

Se la cucina non è il vostro miglior pregio, che ne dite di portarli fuori in un posto di loro gradimento? Forse, un posto che li rende nostalgici o serve una specialità che amano. O meglio ancora, portarli nel posto dove siete andati entrambi per un appuntamento per rivivere i bei tempi andati.

Ringraziali per essere stati con te nei momenti difficili

Spesso diamo per scontato i nostri partner quando ci preoccupiamo solo del nostro successo. Non riusciamo a riconoscere il ruolo cruciale che hanno avuto nell'aiutarvi a raggiungere tutte quelle cose. Il tuo partner era lì accanto a te quando stavi sveglio tutta la notte per lavorare a un progetto, il tuo partner era anche lì per badare a te durante la tua malattia, il tuo partner era quello che faceva tutte le faccende domestiche senza chiedere, il tuo partner era quello che ti stava accanto e ti sosteneva quando pensavi di aver fallito.

Erano sempre lì, essendo il tuo più grande fan e motivandoti a continuare a puntare al cielo. Non pensate che meritino un po' di apprezzamento per tutto questo?

Assicurati di dirglielo oggi!

Lodateli apertamente

Le lodi e i ringraziamenti non dovrebbero essere solo per le mura di casa, fate sapere al mondo intero quanto siete grati di averli nella vostra vita. Fate sapere alla vostra famiglia quanto sono d'aiuto e quanto il vostro partner sia importante per voi. Questo li porterà sicuramente al settimo cielo e li renderà felici.

Dire grazie con un regalo personalizzato

Può essere qualsiasi cosa, quando compri un regalo, pensa a cosa gli piacerebbe di più. Fallo il più personalizzato possibile in modo che quando lo ricevano, sappiano quanto lavoro avete fatto per trovarlo.

CAPITOLO - 8

IDENTIFICARE CIÒ CHE NON È GIUSTO

A volte, in una relazione, non possiamo ignorare il pensiero che qualcosa non va anche se non sappiamo indicare esattamente cosa. Ce lo dice l'istinto. Percepiamo un cambiamento nel comportamento del nostro partner. Sembrano distanti, disinteressati. All'inizio, pensiamo che forse il lavoro è stressante ed è per questo che non sono interessati a nulla che vi riguardi, ma man mano che passa il tempo, vi rendete conto che non si tratta solo di mostrare meno interesse per voi. Non sono nemmeno così interessati ai vostri figli o alla vostra famiglia. Dimenticano appuntamenti importanti, tornano più tardi del solito, dicono che hanno mangiato con gli amici e vanno subito a dormire. Raramente si complimentano per il tuo aspetto e non notano i cambiamenti che hai fatto ai tuoi capelli o al tuo vestito, quando invece erano soliti farlo.

Più questo continua, più la tua mente è confusa. Cento cose diverse ti passano per la testa. Potrebbero tradirmi? Hanno trovato qualcun altro? Non mi trovano più attraente? Si sono disinnamorati?

Prima che tu impazzisca con tutti i pensieri che circolano nella mente, controlla se cadono in uno qualsiasi dei punti indicati di seguito per confermare i dubbi in un primo momento e poi avere una conversazione con loro.

IL MIO PARTNER NON PROVA PIÚ ALCUN INTERESSE?

Sono sempre occupati

Alla fine della giornata, è tutta una questione di priorità, e come loro coniuge, tu dovresti essere il primo, senza eccezioni! Se hanno iniziato a trattarti come una seconda opzione o a darti per scontato, è un segno che hanno perso interesse per te.

Non parlano molto

Se la comunicazione è diventata inesistente tra voi due, significa che non gli importa dei vostri sentimenti, emozioni o pensieri. Se gli importasse, avrebbero trovato qualcosa di cui parlare.

Continuano a incolparti

Incolparvi costantemente o torturarvi con nomi e cognomi è un segno che stanno deliberatamente cercando di allontanarvi da loro stessi. Un classico segno di disinteresse!

Continuano a sottolineare i tuoi difetti

Se un po' di tempo fa ti lodavano sempre per piccole cose e ora sono diventati del tutto cattivi e determinati a farti notare i tuoi difetti, significa che non trovano più interessante te o la tua personalità.

Ti hanno cambiato

Ma purtroppo per il peggio. Non sorridi più come prima, ti senti agitato la maggior parte del tempo, sei confuso e perso nei tuoi pensieri.

Non ti includono in niente

Prendono decisioni senza di voi, non si preoccupano di condividere i loro piani, ignorano tutti i piani che fate e così via. Stanno cercando di dirvi sottilmente che non vogliono più avere niente a che fare con voi.

Non si scusano più

Lasciavano sempre un messaggio sul fatto di essere in ritardo e cercavano di rimediare quando tornavano a casa, ma ora non succede più niente del genere.

Hanno scuse per tutto

Cercano delle scuse per tutto. Non verranno con te alla festa o a una riunione di famiglia, non completeranno la loro parte di faccende domestiche, e diranno che sono stanchi quando cercherai di iniziare il sesso... un'altra delle loro scuse!

Non si preoccupano più del tuo benessere

Sono meno empatici o raramente mostrano preoccupazione per il tuo umore, il tuo stato d'animo o il tuo esaurimento fisico.

Dimenticano le cose

Che si tratti di compleanni, di un piano fatto una settimana fa o di un invito a un matrimonio. Tendono a dimenticare o a trascurare le cose che contano di più per voi, il che dimostra anche che la loro capacità di ascoltare con attenzione è diminuita.

Trattano meglio gli altri

Avranno il più grande dei sorrisi per i loro amici e mostreranno persino interesse per ciò che un estraneo ha da dire, ma si comportano in modo stentato e frustrato con voi tutto il tempo.

Ti hanno o ti stanno tradendo

Il tradimento è un segno sicuro che conferma il loro disinteresse. Si sono innamorati di qualcun altro o hanno una relazione, ed è per questo che tu non gli piaci più come partner.

14 SEGNI CHE INDICANO L'INFEDELTÀ

Come detto prima, se non è solo una mancanza di interesse, potrebbe essere infedeltà. È il più grande ostacolo da superare e spesso è considerato una rottura immediata. Molte volte, siamo così accecati dall'amore per il nostro partner che non riusciamo a notare i segni dell'adulterio. Di solito è qualcun altro che inculca l'idea nella nostra mente che poi diventerà l'unica cosa a cui penseremo.

Cominciamo immediatamente a riconoscere i cambiamenti nel loro comportamento, nel loro tono, nel loro aspetto e in tutto il resto.

Tuttavia, assicuratevi che se state accusando qualcuno di avere una relazione, abbiate delle prove solide da mostrare. Poiché le possibilità che l'altro partner accetti le sue colpe sono quasi nulle, è meglio avere tutto dimostrato.

I classici segni dei partner che tradiscono:

Sono inaffidabili

C'è stato un tempo in cui eri al centro di tutte le loro attenzioni, ma ora ti senti come se non fossi altro che un ripensamento nella loro vita. Questo può significare che ti sono infedeli.

Bacia meno spesso

Se hanno iniziato ad evitare di iniziare un bacio e lo evitano austeramente durante il sesso, a meno che tu non li tiri dentro, allora stanno tradendo. Possono anche saltare i preliminari, evitare il contatto visivo, e cronometrare il loro sesso, è un segno che la loro mente e il loro cuore stanno vagando da qualche altra parte.

Lui/lei sta sempre "lavorando"

Di solito è in ritardo? Dice sempre che sono in ufficio e lavorare a qualcosa di importante? Il potrebbe essere il loro nuovo oggetto d'affetto... tanto per dire.

Quando un partner tradisce, faranno del loro meglio per ridurre al minimo il contatto con i loro coniugi e usare scuse per stare fuori casa. Si sentono solo un po' in colpa quando sono con te, ma questo li ferma dal tradire? Certamente no!

Ogni volta che lo/la affronti, ti danno del pazzo/a

Anche se in qualche battuta casuale, si tira fuori l'argomento del tradimento, iniziano a comportarsi in modo strano e ti chiamano pazzo anche solo per aver pensato a questo. A nessuno piace essere colto in flagrante e un traditore dirà sempre che non ha tradito. Quindi fai attenzione se si comportano in modo troppo sorpreso all'idea che li hai chiamati imbroglioni.

Cambiamenti nello stile di vestire di lui/lei

Se in precedenza aveva difficoltà a vestirsi per qualsiasi occasione e ora ha iniziato a farlo troppo spesso, è di nuovo un segno che stanno cercando di impressionare qualcuno.

Si arrabbia quando viene interrogato/a

Dove sei stato fino ad ora lo fa arrabbiare come Hulk. Odia essere interrogato su dove si trova. Le loro storie non corrisponderanno, il loro tono e la loro intonazione cambieranno e cercheranno di evitare di parlarne.

Rimane alzato/a fino a tardi

Un cambiamento improvviso nella loro routine di andare a letto potrebbe indicare un relazione. I partner che tradiscono considerano l'orario di sonno del partner come il più sicuro per mandare messaggi o messaggi al loro nuovo interesse amoroso.

Le sue storie sembrano incoerenti

A volte non diranno una parola su dove si trovavano e a volte daranno troppe informazioni. Quando gli si chiede se anche un amico era lì con loro, non solo confermeranno la loro presenza, ma vi diranno anche di tutte le altre persone che erano lì, compresi gli animali domestici di qualcuno. Troppe informazioni sono un altro segno che c'è qualcosa di sospetto, altrimenti non sarebbero così accurati.

Non c'è intimità

Non solo fisicamente, ma li trovate anche emotivamente distanti da voi. Anche quando sono con voi, la loro mente non sembra esserlo. Hanno anche perso l'interesse per il sesso e trovano sempre delle scuse come essere stanchi, non essere dell'umore giusto, aver mangiato troppo, ecc.

Non mettono mai giù il telefono

Se sembrano essere bloccati con il loro telefono tutto il tempo e lo portano con loro persino quando buttano la spazzatura o vanno a fare il bagno, è un segno sicuro che c'è qualcosa in quel telefono di cui non vogliono che tu sappia.

Presta attenzione a se stesso

È sempre apprezzabile che il tuo coniuge si vesta bene ma se sono improvvisamente preoccupati di come appaiono, è probabilmente uno sforzo per apparire belli a qualcun altro oltre a voi.

Da loro si ottengono solo risposte di una parola

Percepite una barriera nelle vostre comunicazioni perché hanno fatto ricorso a un sì, un no o un hmm per ogni cosa. Quando i partner perdono interesse nei loro coniugi o hanno una relazione, hanno paura di comunicare troppo. Vogliono giocare con attenzione e non dire o fare qualcosa che li farebbe scoprire.

Stanno spendendo troppo

Se all'improvviso notate troppe fatture di carte di credito e ricevute nelle loro tasche eppure non ricevete nessun presunto regalo, allora qualcun altro ne è il destinatario. Quando gli viene chiesto, avranno sempre una spiegazione su come hanno dovuto prestare dei soldi ad un amico, come hanno dovuto partecipare all'ultimo minuto ad una festa in ufficio per l'addio di un ragazzo o come hanno dovuto pagare una fattura medica di qualche parente.

Lui/lei sta facendo cose che prima odiavano

Ricordate la volta che gli avete chiesto di venire a giocare a golf con voi e loro si sono rifiutati categoricamente e hanno scherzato su come sia uno sport da vecchi? Guarda chi è tutto polo e cappelli ora! Se i loro interessi sono cambiati all'improvviso e stanno facendo cose che odiavano, sappiate che forse c'è qualcosa sotto.

POSSIAMO TORNARE A COME ERAVAMO?

Il mio partner ha commesso un'infedeltà. E adesso?

Nonostante il modo in cui molta gente la pensa, l'infedeltà non deve significare la fine della relazione.

Ma il vostro partner vi ha ferito dove non avreste mai pensato che vi avrebbe ferito. Hanno rotto il voto solenne del vostro matrimonio, hanno distrutto la vostra fiducia e la vostra autostima. Siete disposti a vedere oltre tutto questo e ad accettarli per quello che sono? Puoi trovare di nuovo l'amore per loro nel tuo cuore? Puoi vivere con il fatto che ti hanno tradito per il resto della tua vita? Puoi promettere di fidarti di nuovo di loro?

Se li ami ancora e si sono veramente pentiti del loro comportamento, sarà comunque molto difficile perdonarli. Vi hanno ferito immensamente, hanno rotto la vostra fiducia, vi hanno dato per scontato e hanno scelto qualcuno al posto vostro. Questi sono tutti pensieri che terranno la tua mente occupata per qualche tempo.

Il perdono - la cosa più difficile del mondo.

Se avete deciso di rimanere una coppia e di andare oltre, sappiate che il perdono può essere estremamente potente. In alcuni casi, aiuta la coppia a sviluppare un rapporto ancora più significativo di prima.

Il potere del perdono

In primo luogo, dovete capire che il perdono non riguarda l'altra persona. Si tratta di regalare a te stesso la capacità di vedere oltre le malefatte di qualcuno e di accettarlo comunque. Non si tratta di lasciar perdere loro, ma piuttosto te stesso. Nel matrimonio, perdonare il tuo partner per averti tradito è considerato un punto di forza perché permette al partner che ti tradisce di vedere il buono che c'è in te e quanto tu sia una persona più grande. Non ti fa apparire debole, ma piuttosto più forte che mai. È il primo passo verso la guarigione della relazione e l'apprendimento per fidarsi di nuovo. Perdonare significa anche dare a se stessi, ai propri figli e al proprio partner un futuro libero dalla rabbia e dal dolore.

Ripristinare la fiducia nella relazione

Se siete stati traditi da un partner, dovete capire l'effetto devastante che può avere sulla fiducia nella vostra relazione. La cosa buona, però, è che la fiducia può essere ricostruita. Certo, ci vorrà del tempo per fidarsi di nuovo completamente del vostro partner dopo quello che ha fatto, ma è una possibilità. Entrambi dovrete lavorare come una squadra per ristabilire l'equilibrio nella relazione in modo che, un giorno, entrambi possiate tornare a come eravate quando vi siete innamorati.

Dovete anche capire che il processo di guarigione richiederà tempo. Il partner che tradisce non deve aspettarsi che le cose vadano bene tra voi due da un giorno all'altro o pensare che basti una scusa per ristabilire i termini del matrimonio.

Qui di seguito ci sono alcuni consigli per aiutarvi a ripristinare la fiducia perduta nella vostra relazione.

Essere onesti

Se avete subito un torto, avete tutto il diritto di essere arrabbiati con il vostro partner e di esprimere questa rabbia. Cercare di tenere le cose dentro non farà altro che soffocarvi di più. Dovete far sapere al vostro partner quanto siete feriti e come vi aspettate di essere riparati. Una mancanza di comunicazione può solo peggiorare le cose dove l'altro partner penserà che non li hai ancora perdonati. Fagli sapere in tutta onestà quanto tempo ti serve, se ti senti a tuo agio con loro nella stessa stanza o no, o come pensi di risolvere la cosa.

Se sei un po' più aperto nei confronti delle tue emozioni e dei tuoi sentimenti, meglio per te. Inoltre, è sempre una buona idea sfogarsi in modo che la tua mente si prenda una pausa da tutti quei pensieri.

Lascia che siano testimoni del tuo dolore

A volte, il partner che ha fatto un torto al coniuge è così paralizzato dal senso di colpa che continua a chiedere perdono più e più volte. Devono capire che quello che state passando è doloroso ed è il risultato di ciò che hanno fatto. Ora devono esserne testimoni e lasciarvi il tempo di soffrire. Devono sapere che non devono continuare a insistere nel chiedere il vostro perdono o cercare troppo di sistemare le cose.

Non aspettarti un perdono a buon mercato

Chiedere perdono più e più volte può anche aggiungere frustrazione al partner tradito, che potrebbe sfogare la sua rabbia dicendo che lo ha perdonato quando, in realtà, non è così. Questo ferma il processo del dolore a metà strada e non se ne esce mai completamente. D'altra parte, il partner che tradisce potrebbe prenderlo come una debolezza e usarla contro di voi per eventuali infedeltà future. Pertanto, sii paziente con le tue parole e non agire con rabbia. Se non c'è niente di bello che puoi offrire in termini di parole, resta in silenzio e fai sapere al tuo partner che hai bisogno di più tempo..

Stabilire alcune regole di base

Prima di perdonare il coniuge adultero, il partner deve stabilire alcune regole di base su come le cose saranno tra loro d'ora in poi. Non deve essere una lista di vendetta, dato che l'obiettivo è quello di tornare insieme. Indicate come possono riguadagnare la fiducia e il rispetto persi ai vostri occhi. Alcune altre regole possono essere: non avere più segreti tra di loro d'ora in poi, dedicare più tempo alla famiglia, rimuovere le password dal telefono e dal portatile, permettere all'altra persona di vedere cosa guardando sul pc senza nascondere o chiudere le schede, ecc. Se si adeguano a tutto questo, significa che sono davvero pronti a riprendere la relazione.

Ridefinire l'intimità fisica

All'inizio, ci potrebbero essere giorni in cui vi sentite male mentre venite baciati o abbracciati perché le voci nella vostra testa continuano a gridare traditore!

La più grande sfida tra i partner che ricominciano dopo un episodio di tradimento è la guarigione tra le lenzuola. Come permettere loro di essere fisici con te quando non sai se stanno veramente pensando a te o stanno solo fingendo? Inoltre, potresti sentirti meno sicuro del tuo corpo ed evitare di avvicinarti a loro. È comprensibile ed è una reazione molto normale.

D'altra parte, quando gli concedi la possibilità di essere fisico con te, entrambi avete pensieri completamente diversi nella vostra mente. Potrebbero cercare di compiacervi a letto, il che può risultare in una stanchezza o in una cattiva prestazione. Tu, d'altra parte, potresti interpretarlo come una mancanza di interesse. Quindi, fondamentalmente, voi due sarete di nuovo al punto di partenza.

Il modo migliore è comunicare come ciascuno dei partner si sente e condividere le proprie paure. Questo può aiutare a favorire l'intimità sessuale, e la vulnerabilità che entrambi sentono può far scoccare di nuovo una scintilla nella relazione.

Ignorare i detti

Imbroglione una volta, imbroglione per sempre, come dicono molti. Tuttavia, questo non è sempre vero. I partner che affogano nel senso di colpa e nella vergogna passano tutta la vita a cercare di rimediare quell'unico errore che hanno fatto, anche dopo che i loro partner li hanno perdonati da tempo.

Fidatevi invece del vostro istinto. Se pensi che il tuo partner sia colpevole e si vergogna, allora dagli un'altra possibilità di dimostrarlo. Se vuole davvero tornare con te, farà tutto ciò che è in suo potere per conquistare di nuovo il tuo cuore.

E se c'è qualcosa che volete ricordare, ricordate questo: alcune persone imparano la lezione la prima volta!

Lasciar andare

L'ultimo e più importante punto è lasciare andare. Questo può sembrare difficile all'inizio, ma è necessario cancellare l'immagine mentale di loro impegnati con qualcun altro. Devi smettere di pensare a quante volte è successo o a come si è sentito il tuo partner in quei momenti. Più sgombra è la tua mente, più aperta sarà all'idea di tornare insieme. Devi liberare la tua mente e la tua anima da tutti questi pensieri perché, alla fine della giornata, fanno solo male a te e alla tua serenità.

Sappiate che il potere di lasciar andare è davvero prezioso. Non tutti hanno la capacità di superare una cosa del genere e se tu hai deciso di farlo, allora non sei meno che un guerriero. Abbraccia questa ritrovata capacità dentro di te e inizia a lavorare per costruire di nuovo la tua relazione da zero.

CONCLUSIONE

Le relazioni possono portare un sacco di lavoro. Possono essere impegnative, snervanti e dolorose. Richiedono amore, cura, comprensione, e apprezzamento. Lo scopo di questo libro è di aiutarvi a prendere tutte le misure necessarie per mantenerle ricche e nutrite. Tenete presente che siete solo voi e il vostro partner a dover fare tutto il lavoro di squadra. Ci saranno dei critici intorno a voi, persone che vi suggeriranno come dovreste gestire le vostre finanze, crescere i bambini, fare cose insieme per rimanere legati, e tutto il resto. Ma non assumete quei suggerimenti come uno standard che dovete mantenere nella vostra vita per sempre. Quello che avete tu e il tuo partner è unico. Non cercare di perfezionarlo con l'idea di perfezione di qualcun altro. Fate ciò che è meglio per la vostra famiglia e, cosa più importante, per voi due.

Lasciate che questa guida vi aiuti a trovare la vostra strada per avere successo nella vostra relazione. Lasciate che vi aiuti a risolvere le differenze che avete. Lasciate che vi mostri come gestire le critiche, i conflitti e le discussioni. Lasciate che vi dica come apprezzare, comunicare e amare più profondamente.

E soprattutto, lasciate che vi insegni a comunicare con il vostro coniuge ad un livello secondario senza alcuna paura di rifiuto, giudizio o fallimento. L'unico fallimento è non esprimere apertamente emozioni e sentimenti, quindi non fate questo errore.

Printed by Amazon Italia Logistica S.r.l.
Torrazza Piemonte (TO), Italy

22955970R00079